忍者の掟

川上仁一

角川新書

忍者の掟　目次

本書に掲載した古文書の写真は、全て筆者所蔵のものです。

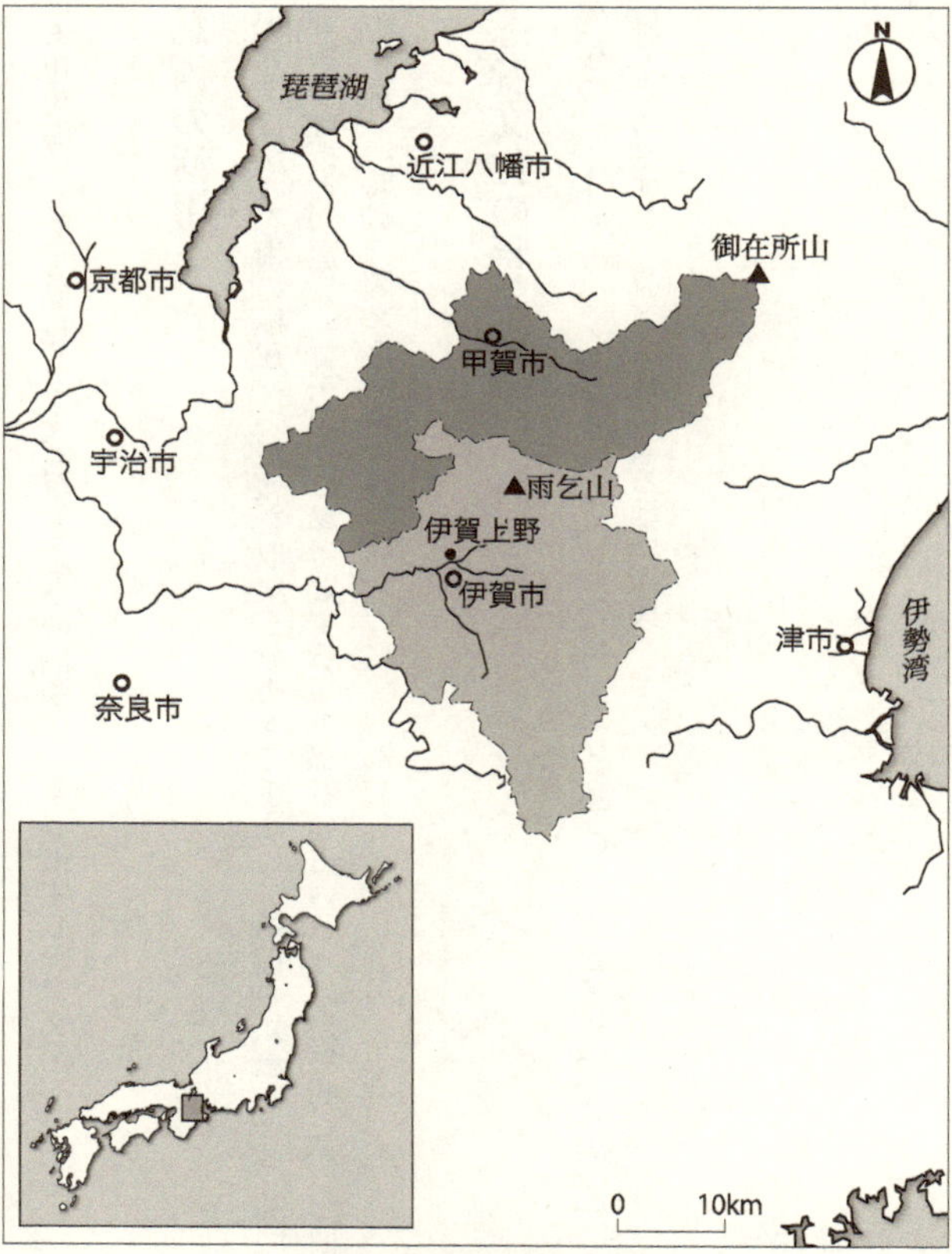

伊賀と甲賀の位置関係

序章　現代に生きる「最後の忍者」

甲賀流忍術の継承者として

甲賀《こうか》には、室町時代より「五十三家」と呼ばれる忍者を構成する土豪の名門があったとされる。私は、甲賀五十三家の古士《こし》、伴《ばん》一族がまとめた忍術を継承している者である。

生まれ育ったのは、甲賀から遠く離れた福井県。

だが、縁あって六歳のときから先代について忍術修行を始め、俗にいう甲賀流忍術である伴家《ばんけ》忍之伝《しのびのでん》を学んだ。伴家忍之伝に含まれる多くの武芸流儀（如水流神道軍伝《じょすいりゅうしんとうぐんでん》、出雲《いずも》神《しん》流平法《りゅうへいほう》、神伝不動流檀法《しんでんふどうりゅうきほう》、竹内流　殺格身之伝《たけのうちりゅうころしあてみのでん》、一乗法骨法《いちじょうほうこっぽう》など）も体得し、十八歳のとき全伝継承となり、甲賀伴党二十一代宗師家となった。その間の過酷な忍術修行については、第二章で詳しく述べていく。

舞鶴工業高等専門学校を卒業後、電子部品メーカーのエンジニアをしながら修行を続ける一方、忍者・忍術に関する古文書研究と、忍者の末裔《まつえい》や所縁《ゆかり》の方々への取材などで、知識も蓄積していった。子供の頃は歴史学者になりたかった私にとって、古文書研究は楽しいものである。さまざまな先生方の教えのおかげもあり、今では大凡《おおよそ》の古文書を読みこなすことができるようになった。

また、「忍者」を自称する人たちへの手紙による取材なども行なってきた。そのなかには、「甲賀流忍術十四世」を名乗った藤田《ふじた》西湖《せいこ》氏（一八九九～一九六六）、「甲賀武田忍法」を名乗った小林《こばやし》小《こ》太《た》郎《ろう》氏などもいる。

五十歳を過ぎた頃に会社を早期退職した私は、三重県伊賀《いが》市にある伊賀流忍者博物館の名誉館長に招聘《しょうへい》された。後述するように、甲賀流忍術と伊賀流忍術は異名同流なので、甲賀流の私が伊賀流と関わるのは不自然なことではない。今も名誉館長を務めている。伊賀《いが》上野《うえの》城の下にある伊賀流忍者博物館は、忍者・忍術について楽しく学べる施設なので、気軽に足を運んでくださるとありがたい。

地元福井では、忍術・武術・兵法の研修を行なう神道軍傳研修所も主宰しており、今は門弟が百人ほどいる。

また、平成二十三年（二〇一一）十二月から、三重大学社会連携研究センター社会連携特任教授に就任した。

三重大学では、人文学部の山田《やまだ》雄司《ゆうじ》教授（専門は日本古代・中世信仰史）と吉丸《よしまる》雄哉《かつや》准教授（専門は近世文学）や、大学院医学系研究科の小森《こもり》照久《てるひさ》教授（専門は精神医学、精神神経免疫学）、社会連携研究センターの久松《ひさまつ》眞《まこと》特任教授（専門は食品科学、応用生物化学）等々、多くの先生方とともに忍者・忍術の研究に取り組ませて頂いている。

文献をいくら渉猟《しょうりょう》したとはいえ、私は歴史の専門家ではないので、山田先生が近くにおられることは非常に幸運で心強い。理系の研究は、忍者の携帯食である兵糧丸《ひょうろうがん》の成分研究や、印《いん》を結んだときの脳波と自律神経機能の変化を調べる実験、薬物、火薬や狼煙《のろし》の研究など、私にとっては新鮮なことばかりだ。

脳波の測定では、私と門弟が被験者となり、印を結んでからストレスを負荷したときの脳波と、印を結ばずにストレスを負荷したときの脳波を調べ、比較した。結果は、印を結んだときのほうが、明らかにストレス耐性が高いということが示された。

また、印を結ぶと初めの十分間ほどは集中力とリラックスの度合いが高まることが、脳波からわかった。いわゆる明鏡止水の状態になっているのだろう。昔、別の研究機関がある行者の脳波を調べたが、特筆すべき結果は得られなかったと聞いていたので、半信半疑で実験に臨んだのだが、われわれの鍛錬にはそれなりの効果があると知り、嬉《うれ》しくなった。

三重大学は忍術の研究を表看板に掲げ、さまざまな研究活動を展開している。私は「忍者・忍術学」という学問の提唱をめざしているが、個人の研究では限界があるので、これはとてもありがたいことである。

学問上の個人的な興味から忍者・忍術を部分的に研究した人はいるだろうが、大学全体で忍者の歴史や術技を探っていくのは、おそらく日本初、つまり世界で初めての取り組みではないかと思う。

国や世代で異なる忍者のイメージ

「忍者」や「忍術」は、日本人のほとんどが知っている言葉である。海外でも人気が高く、アメリカの忍者映画や、岸本斉史《きしもとまさし》作の忍術漫画『NARUTO —ナルト—』のヒットにより、「NINJA」は「SAMURAI」と並ぶ国際語となり、日本文化の一つとして語られている。

しかし、忍者・忍術の実態が理解されているかは、はなはだ疑問に思われる。

日本人が持つ忍者・忍術のイメージも、私が見たところ、世代によってかなり異なっている。

十〜二十代の人たちは、「天誅《てんちゅう》」シリーズなどコンピューターゲームのなかの忍者・忍術のイメージが強いようだ。二十〜三十代では、『NARUTO —ナルト—』をはじめとする漫画やテレビアニメ、三十〜四十代では『忍者ハットリくん』（藤子不二雄《ふじこふじお》Ⓐ作）などの漫画、四十〜五十代では『仮面の忍者　赤影』（横山光輝《よこやまみつてる》原作）のようなテレビ映画、五十

〜六十代では白土《しらと》三平《さんぺい》作の漫画『サスケ』『カムイ伝』や市川雷蔵《いちかわらいぞう》主演の映画『忍びの者』（山本薩夫《やまもとさつお》監督・大映）のイメージで捉《とら》える人が多い。それ以上の世代になると、妖術使いのようなマジカルな捉え方をする傾向がある。

このように、おそらく大多数の日本人は、漫画、映画、小説、講談本などから忍者・忍術のイメージを作り上げているだけで、本当の姿までは理解していないだろう。

一方、海外（特に欧米）では、忍者は過酷な修行を積み重ねたスーパーマン的な人たちとして捉えられ、特殊な武術・格闘技術や武器を駆使する暗殺者か特殊部隊のイメージで理解されていることが多い。

これらのイメージは、まったくの間違いというわけではなく、忍者・忍術のある一部分を表していることは事実だ。だが、それがすべてなのかというと、もちろんそうではない。誤解されている部分が、かなり多いのである。

忍者虚像論は本当か？

国や世代や個人の考えによって忍者・忍術のイメージが異なるのは、忍者・忍術について、学問としての明確な定義がなされてこなかったのも要因の一つであろう。

これまで、忍者・忍術は学術的にあまり探究されてこなかった。市井の研究家は幾人かおられるが、過去に学問の世界で忍者・忍術の体系的な研究に取り組んだ例は、ほとんど見受けられない。そのため、忍者は実態不明の存在と解釈されてきたのである。

それどころか、実証史学的には「忍者虚像論」さえ存在している。

ひと昔前は、「忍者・忍術は嘘くさい」「どうせ誰かの作ったインチキだろう」というイメージが付きまとっていた。今も、忍者・忍術の虚像論は完全になくなったわけではない。

その理由の一つとして、忍術伝承のあやふやさが挙げられる。

忍術の伝承は、江戸時代の写本や口伝によるもので、史実としての裏付けが困難なことが多い。古老の言い伝えが真実かどうかわからない場合や、一個人の創作の場合も見受けられる。ひどい場合には近代に創作されたものまでもある。また、江戸時代に家名を飾るためや仕官の際の便宜上、「自分は忍者の末裔である」と名乗る人たちが作り話をでっちあげた、という説もある。

もう一つの大きな理由は、一次史料の中に忍者や忍術がほとんど記載されていないことである。

歴史の研究では記録が重視される。忍者・忍術の記述は軍記物にはよく出てくるが、それらは真実としては認められず、忍者が実在したことは証明されない、という考え方だ。

忍者・忍術を探るうえでいちばんの弱点は確固たる史料が見つかりにくいことで、そのためこれまでは学問的な研究がなかなか進まず、取り組む人もほとんどいなかった。忍者虚像論の背景には、こうした事情がある。

一例を挙げると、織田信長《おだのぶなが》の一代記『信長公記《しんちょうこうき》』（太田牛一《おおたぎゅういち》著、慶長《けいちょう》五年＝一六〇〇頃成立とされるが諸説あり）には、忍者や忍術についての記述がない。これを根拠に、「忍者がそんなに活躍していたのなら、『信長公記』に出てこないのはおかしい。やはり実在しなかったのだ」という見方をする人もいる。

しかし、忍者は秘密裏に動いていることが多いから、その活動が明確に記録に残ることは、まずあり得ない。また日常的に忍者が使われていたとしたら、いちいち書く必要もないから、なおさら記録には残りにくい。

忍術の伝承も、「家業」として日々の暮らしのなかで忍術を教え伝えていたわけだから、わざわざ教則本のようなものを作る必要はなかった。

たとえば、私の家は代々農業をしていたが、鍬《くわ》や鋤《すき》の使い方をいちいち紙に書いて教わったことはない。見よう見まねや口伝えで自然と体得できるからだ。日常的に行なわれていたはずの忍術修行や実際の活動も同様に記録に残りにくく、それを一次史料で検証するのはかなり難しいのである。

あやふやな部分が多いからこそ、忍者や忍術はミステリアスなものとして多くの人の興味を惹《ひ》き、今のようなブームになったともいえる。だが、その反面、「胡散《うさん》くさい」と拒否反応を示す人もいるのが現実である。

江戸時代に大成された忍術流儀

忍術は江戸時代に大成された古典的軍用技術であり、日本のさまざまな芸事や兵法・武術と同様に、秘伝書や体伝・口伝で伝承されていった。忍び独自の知恵や技術を集めた忍術書のほとんどは、江戸時代に書かれたものだ。

忍術書のなかで最も有名な『万川集海《まんせんしゅうかい》』（全二十二巻、甲賀本は別巻一巻、読みは「ばんせんしゅうかい」とも）は、延宝《えんぽう》四年（一六七六）、伊賀忍者・藤林長門守《ふじばやしながとのかみ》の子孫で伊賀国郷士《ごうし》の藤林左武次保武《さぶじやすたけ》が著述したとされている。伊賀《いが》・甲賀《こうか》（よく「こうが」と読まれるが「こうか」が正しい）をはじめとする諸流の忍術を、いくつもの川（万川）が集まって海に流れ込む（集海）かのように集大成したというのが書名の由来だ。

新楠流《しんくすのきりゅう》忍術の秘伝書『正忍記《しょうにんき》』（全三巻、読みは「せいにんき」とも）は、延宝九年（一六八一）、紀州藩の軍学者・名取三十郎正武《なとりさんじゅうろうまさたけ》が著したものだ。楠流《くすのきりゅう》の開祖は、南北朝時代を代表する武将・楠木正成《くすのきまさしげ》とする。軍記『太平記《たいへいき》』では、正成は鎌倉幕府に抵抗して千早城《ちはやじょう》に籠城《ろうじょう》したとき、糞尿《ふんにょう》まで使用し幕府軍を撃退したとされる。江戸時代になると『太平記』をもとにした兵法が立てられ、その中で楠流忍術という流儀が生まれた。名取正澄（正武）は、楠流兵法の一派から、新楠流を創始した人物だ。

服部半蔵《はっとりはんぞう》家に代々伝えられた門外不出の忍術伝書『忍秘伝《しのびひでん》』は、承応《じょうおう》四年（一六五五）に服部美濃辺三郎よりの伝来をまとめたものとされる。

忍びの術技自体は戦国時代かそれ以前から行なわれていたが、当時は書物としてまとめられていたわけではなかった。平和な江戸時代になって忍者の需要が激減したため、各流派が自分たちの流儀を後世に伝えていこうとして忍術書を編んだのである。

こうした書物の一つに、『軍法侍用集《ぐんぽうじようしゅう》』という全十二巻の兵学書がある。そのうちの六～八巻は「窃盗《しのび》の巻」といい、当時の忍びについてかなり詳細に記している。『軍法侍用集』の刊行は承応二年（一六五三）だが、書かれたのは元和《げんな》四年（一六一八）だった。

元和四年は、大坂夏の陣で豊臣氏が滅びてから三年後、徳川家康が没した二年後にあたる。つまり、忍者・忍術はそれ以前から存在したことになる。『軍法侍用集』をまとめた人物は少なくとも戦国時代の人だから、忍者・忍術はそれより前、おそらく室町時代以前から実在したであろうことは疑いない。

この『軍法侍用集』には、伊賀甲賀忍者の術技のことも書かれている。

かつて「甲賀衆」とか「甲賀士」とか呼ばれた侍衆は、江戸時代に入ると多くは百姓になった。のちに甲賀の人々は、侍身分を取り戻すために、寛文《かんぶん》年間（四代将軍家綱《いえつな》の治世）から幕末近くまで、甲賀古士を称し徳川幕府に対して嘆願運動を続けた。その際、自分たちの先祖が忍びの者だったことを喧伝《けんでん》するために、忍術の秘伝書や系図などを作成した。そのため、「甲賀の忍者像は、そうした秘伝書や系図によって創作された虚像ではないか」という説を唱える人もいる。

だが私は、これは穿《うが》ちすぎの見解だと思う。江戸時代の最初期である元和四年に書かれた『軍法侍用集』には、すでに伊賀甲賀の術技の記述があるのだから、甲賀の人々が四代将軍の時代になって忍術の秘伝書を急ごしらえしたとは考えられない。この点一つとっても、「虚像」というのは当たらないだろう。

ほかにも、慶長年間に伊賀者と甲賀者が連名で書いた忍術の巻物の原本に近いものも残っている。

また、寛永《かんえい》年間に藤堂《とうどう》家で作られた『伊賀付差出帳《いがづけさしだしちょう》』という伊賀藩の分限帳には、「忍びの衆」（忍者）についての記述がある。ちなみに、寛永年間に起きた島原の乱（寛永十四～十五年、一六三七～三八）には十人の甲賀衆が参戦し、松平伊豆守信綱《まつだいらいずのかみのぶつな》の指揮下、一揆勢が立て籠《こ》もった原《はら》城に忍び込み、米十三俵を盗み出した。十人の甲賀衆には二十代の者もいたが、半数は五十～六十代だったという甲賀の記録もある。

寛永年間といえば、戦国の余風が徐々に消えかけていた頃だ。その頃に「忍びの衆」の記述があり、しかも高齢の甲賀忍者が活躍した記録が残っているということは、それよりかなり以前から忍者は確実に実在し、さまざまな活動をしていたことになる。

このように、忍者の存在は一次史料にも載り、疑いはない。当然ながら、彼らが駆使した独自の術技が存在したことも想像に難くなく、忍術が行なわれていたことは否定できない。ただ、こうした記述は断片的であることが多く、見過ごされてきたケースもかなりあると思われる。忍者・忍術が確実に存在したことを示す史料を、どう読み解いていくかが今後の課題といえよう。

忍びは盗賊だった？

忍者は、歴史的には「忍び」あるいは「忍びの者」と呼ばれる。

かつての忍びは、現在われわれが考えるような忍者ではなかったと、私は思っている。おそらく、現在多くの人が持っている忍者のイメージは、江戸時代から近代に至るまでの間に、人々のミステリアスなロマンのなかで形成されてきた想像の産物であろう。

じつは、「忍者」という呼び名が定着したのも意外と新しく、昭和三十年代になってからだ。それまでは、忍び以外に、乱波《らっぱ》、透波《すっぱ》、細作《さいさく》、草《くさ》、奪口《だっこう》、芝見《しばみ》、目付《めつけ》、かまり、遠候《えんこう》など、地域や流儀によって呼び名が違っていた。

「忍び」という言葉には、「こらえる、秘密にする、隠れる」などのほかに「窃盗」の意味がある。つまり、忍び（忍者）はもともと盗賊のような者でもあった。

忍びは、敵地へそっと潜入して略奪も攪乱《かくらん》もするので、決して良いイメージではなかったと思う。伊賀を治めていた藤堂家では、「忍び」には盗賊的なイメージがあって良くないということで、「忍びの衆」の呼び名をのちに「伊賀者」「伊賀役」と変えていたほどだ。

戦争の際に必要な攪乱奇襲の戦法や、諜報《ちょうほう》謀略の手法は、各地でさまざまな人が行なっていたと推測される。なかでもそれを得意としたのが、伊賀衆、甲賀衆と呼ばれたこの地域の人たちだったのではなかろうか。それが代名詞となり、伊賀衆、甲賀衆というと、すぐに忍者と結び付けてしまいがちだが、彼らがすべて忍者だったという解釈には無理があるように思う。

伊賀衆、甲賀衆という集団のなかでも、特に攪乱奇襲や諜報謀略を目的の達成手段として用い、その技術に長《た》けた人たちが「忍び」だったのではないかと、私は推定している。

伊賀・甲賀の忍術は異名同流

室町後期～江戸初期の重要史料とされる『多聞院日記《たもんいんにっき》』（奈良興福寺《こうふくじ》の僧侶《そうりょ》で多聞院院主の英俊《えいしゅん》ほかの日記）の記事には、天文十年（一五四一）、伊賀衆が大和《やまと》の笠置《かさぎ》城に忍び入り、建屋に火を掛けたことが見え、攪乱戦法を用いたことがわかる。そして、この戦いには甲賀の者もいたという。

伊賀流と甲賀流は二大忍術流派といわれ、両者は敵対関係にあったと思う人が多いのだが、実際には協力関係にあったことが多かったと考えられる。

天正《てんしょう》九年（一五八一）、織田信長が四万の兵を率いて伊賀に侵攻した際（第二次天正伊賀の乱）、甲賀の侍衆が織田方に与《くみ》して伊賀攻めに参加したのは事実だが、その後も伊賀と甲賀が対立し続けたという記録は見当たらない。のちに徳川幕府が樹立されると、伊賀衆と甲賀衆はともに幕府に召し抱えられ、どちらも重用されている。

伊賀と甲賀は隣接しており、日常の頻繁な交流があり、伊賀者の家と甲賀者の家が養子縁組や婚姻などでつながることも多かった。『万川集海』をはじめとする忍術書も、ほとんど共通だ。それぞれ地域名を名乗ってはいるものの、忍術の流派として大きな違いはない。

家ごとに得意な術技はあっただろうが、縁組をすればその術技を教えることもあり、結果的には平均化されていく。そこに新たな工夫も加わるので、全体的に両者の忍術はレベルアップして構成されていった。

忍術は一子相伝というが、毒薬の調合など特殊な技術以外はそれほど厳密に秘密が守られていたわけではなく、じつは伊賀と甲賀は互いに学び合っていたのである。

忍者の定義、忍術の定義

先に私は、忍者・忍術には明確な定義がなされていないと述べた。明確な定義がないと、各人がバラバラの忍者・忍術像を作り上げてしまったり、奇妙な武術を習得した人が「これが○○流忍術だ」と名乗りを上げてしまうことにもなりかねない。流儀を名乗ること自体は個人の自由だが、それが日本の伝統的な忍術である、ということにはならないのである。

そこでまず、私なりに忍術・忍者を定義しておきたい。

忍術とは、四季があり複雑な地形をした日本の国土や、人と自然を一体と考える日本独特の風土や文化・心性のなかで、長い時間をかけて醸成されてきたものである。武術のイメージが先行しがちだが、もっと広く、諜報、謀略、奇襲を行なうための軍用技術だ。今は昔日よりはるかに進歩した同様の軍事技術が存在するが、忍術はあくまでも日本の古典的な軍事手段として認識すべきで、現代のスパイや特殊部隊のようなものとはまったく異なる。

そして忍者とは、忍術を正しい目的（大義）をもって使う者、かつ、それを職業としている者である。忍術をいくら体得していても、それを使って職務を遂行していなければ、忍者ではない。

これが私の定義である。

私は、現代に生きる「最後の忍者」と言われることがある。しかし、この定義でいうと、私は忍者ではない。忍術を会得してはいるが、それを今、職業としているわけではないからだ。私のところには、「忍者になりたい」とやってくる方もいるが、今の時代、よその家に忍び込んだり、狭い穴に入って身を隠したりする術を覚えても、それで食っていくことはできない。その意味でも、現代社会に忍者はいないし不要なのだ。

本書では、右に挙げた定義に基づいて、忍者・忍術の本質的な精神、私が経験した忍術修行と術技の実際、忍者の形成史、現代社会における忍術の活用、忍者文化の将来展望について語っていく。特に、第三章では、これまで知られていなかった一級史料を提示し、私なりの見解を述べる。私の忍術の実践による裏付けや経験により、学問の世界とはまた異なった視点からも私論を展開することになる。

果たして、忍者や忍術とはいかなるものなのか。どこまでが真実で、どこまでがフィクションなのか。長い間に作為的に創造されたり、捏造《ねつぞう》されたりしたものも含めて、「忍者・忍術」を文化として語るのが本書である。

史実も虚構も含めて、すべてが忍者の文化だと私は思っている。それを日本の文化の一つとしてご理解いただければ幸いである。

第一章　忍びのこころ――忍者と忍術の神髄

忍びの根本は和の精神

日の丸のような赤い円の中に「忍」の一字を置いた図によって、忍び（忍者と忍術）の根本精神を表すことがある。

赤丸は言うまでもなく太陽を表すが、それだけでなく、純真無垢《むく》な赤ん坊のようなまじり気のない心根の意味合いも含んでいる。

暖かく、ときには激烈で、清浄な陽の恵みに畏敬《いけい》感謝し、角のない丸く温和な心を示しているのである。

また、丸は「輪《わ》」のことであり、「和《わ》」の象徴でもある。「和」は、穏やかな平和、過不足のない調和、柔和な心、人と自然との交じり合いなどを意味し、わが日本国の古称「倭《わ》」にも通じるように思う。聖徳太子《しょうとくたいし》が「和を以《もっ》て貴しと為す」と言ったように、われわれ日本人には古くから、和を貴ぶ心性があり、異質なものを融合同化する「和《あ》える」にも通じる。

一方、赤い円の中央にある「忍」は、堪忍・忍耐の精神を表している。

「和」を実現するには忍耐（我慢）が大事だ。できるだけ争わず、互いに我慢して仲良くやっていこうという精神は、われわれ日本人の特徴でもあろう。

　この図は、「忍」の一字を赤い円の中央に据えることにより、忍耐の心で人々と自然の「和」が「輪」として重なり合い、円形から球体へとすべてを和合していく、忍び本来の姿を表現しているのだ。

「忍」という文字を分解すると、心の上に刃が載っている。刃を動かせば心臓が切れて死んでしまうから、押しも引きもならない。いま一息のところでじっと我慢する心構えこそ、忍びに必要な鉄壁の不動心とされている。

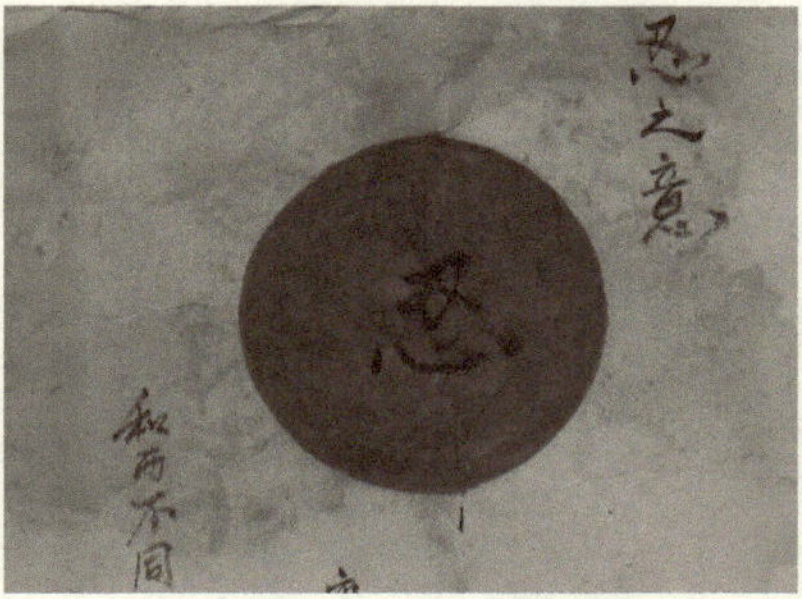

『秘伝書』より「忍之大事」

　ただ、「忍」には忍耐の忍だけでなく、残忍の忍も含んでいる。じっと我慢する一方で、いざとなれば躊躇《ちゅうちょ》なく残虐なことも行なう。刃を動かして心臓をひと刺しだ。「忍」の一字は、そういう意味も兼ねている。

　なにごとにもじっと耐え忍び、心は鉄壁で動揺せず、内には残忍の意味合いを秘めながら、争いを避け人々と和合していく心こそが、忍びの根本なのである。

忍術はどうして発生したか

忍者には「盗賊、殺人者」という陰湿なイメージが付きまとっているが、それは誤解だ。前項で述べたように、忍者本来の姿は人々や自然との「和」を求めるものであり、忍術はそれを達成するために生まれた手法である。

日本で忍術が起こった要因についてはさまざまな議論があるが、私は日本独自の風土や、和と仁（慈しみ）を貴ぶ心情が、大きな基層になっていると考えている。

わが国は周囲を海で囲まれた島国で、国土の大半を山岳地帯が占めている。外敵の侵入が少ない閉鎖地形と社会のなかで、有史以来さまざまな人々が文化とともに渡来し、融合同化しながら国が形成されていった。

原始の狩猟採集の生活から、四季に根差した稲作を中心とする農耕定住の生活へと移行すると、地縁や血縁を重視するムラ社会としての地域共同体が形成されていった。そこでは、個々の主張より集団の「和」が大切にされ、人々は協力しながら平和安定を求めるのが必然であった。

多様な人々や自然と共存し、共同体に同化していくためには、感情や欲望や自己主張を抑制する必要がある。そのなかで、忍耐の心で常に相手の心中を測りながら発言し行動するという、日本人の特質が養われていったと考えられる。

明確で繊細な四季の変化や、自然災害の多い過酷な環境などから、常に四方八方に目を配りながら思考をめぐらし、ものごとに臨機応変に対応するという気質も養われたであろう。日本語の曖昧《あいまい》性や、感情をあまり表面に出さずに深意を秘し、常に先を読みながら思考し行動する日本人の特質は、忍者的といえる。

その一方で、人間には欲望があり、争う本性もある。

他より優位に立とうとするのは必然で、ムラとムラとの間にもさまざまな争いが発生したが、人々はともに和し共存するのが最良と考え、むやみに戦ったりはしなかった。国土が狭く、ムラとムラが近接していることなどもあり、相手を根絶やしにするような戦い方はせず、互いに腹の内を探り、談合をするなど、最小の力で相手を制する方法がとられ、できるだけ戦いを避けようとした。

そのためには、相手の弱点を探る情報収集、相手の戦力を低下させる調略・攪乱《かくらん》活動などが重要な意味を持つ。相手の状況を探って自己と力量を比較し、弱点を突くのが効果的な手段であり、互いの人的、物質的な損失も少なくてすむからだ。

相手の情報を収集して味方に知らせ、人心や情勢を操作し、攪乱、奇襲するといった役割を担っていたのが、忍者の根元だったと考えられる。

そうした危険な任務を遂行するために、彼らは生活の術や武術を基本とした鍛錬で、高い身体能力も身に付けた。また、情報収集・調略活動に欠かせない人心操作術（今の心理学）や、呪術、占術、薬学、医学、天文学などの知識も身に付けていった。これが忍術発生の根源であろう。

日常生活すべてが修行

伊賀、甲賀で忍術が発達したのも、この地域特有の風土や地政が大きく関係している。古代以来、伊賀、甲賀には独立志向の強い村落共同体が形成され、民衆自立の風土が培われていた。平安時代後期には伊賀に荘園を有した東大寺《とうだいじ》との争いがあり、その後も南北朝の動乱、戦国時代など、長い戦乱のなかで独特の兵法である忍術が起こり発達していったと考えられる。

中世にこの地域に現れた「悪党《あくとう》」（荘園領主の支配体制に武力で対抗した者たち）や、「一《いっ》揆《き》」「惣《そう》」と呼ばれた自治組織は弱小で、自存自衛のための手段を必要とした。そのため忍術は、術技として実戦のなかでますます工夫されていったと推測できる。

また、伊賀も甲賀も複雑な山々に囲まれ、大軍の戦闘には適しておらず、個々人の能力が重要だったことも、この地域で忍術が発達した理由の一つだろう。

さらに、奈良・京の都の近くに位置し、街道がいくつも通っていたこと、皇室の伊勢神《いせじん》宮《ぐう》の参拝路でもあったことも、この地域での忍術の形成と発達に寄与した。

たとえば、忍者が敵の内情を探るには、相手の話や手紙の内容を理解できなければならない。その点、伊賀や甲賀には都の先進文化が流れ込んでいたため識字率が高く、街道をとおしていろいろな情報が交錯していたので最新知識や技術も学べ、忍者が育ちやすい環境だったのである。

戦国時代の伊賀や甲賀の人々が、どのような生活をしていたかを示す史料は少ないが、江戸時代に伊賀の学者・菊岡如幻《きくおかにょげん》が著した『伊乱記《いらんき》』（天正伊賀の乱の戦記）には、伊賀の人々の日常生活の伝承が記されている。

それによると、天正の中頃まで、人々は午前四時頃に起床して正午までは家業に精を出し、午後から日暮れまでは武芸、兵法の稽古《けいこ》をし、特に忍術の鍛錬を行なっていたようだ。といっても、午後からの訓練だけが忍者の修行ではない。日々の野良仕事、食事や日常の所作など、生活のすべてが修行だったのである。

忍者は覆面も手裏剣も使わなかった!?

夢を壊してしまうかもしれないが、今、皆さんがイメージするような忍者装束は後世の創作で、当時は存在しなかった。忍者装束の一つだと思われている覆面や黒足袋は、じつは、当時の野良仕事の作業着だったのだ。

山へ入ったり、田や畑を耕したりするときには、黒足袋がいちばん動きやすく、日常では汚れが目立ちにくい。覆面は、農作業をするときに強い陽射しや虫刺されを防ぐために顔を隠すものだった。今でも、農作業のときに頭巾《ずきん》のようなものを被《かぶ》っている女性たちをよく見かけるだろう。

忍者として敵地に忍び込んでいくとき、覆面を着けていたら目立ってしょうがないし、口も鼻もふさいだら暑くてたまらず、息もろくにできなくなってしまう。実際、忍者装束に覆面を着けたマニアの方に「しんどいでしょう?」ときくと、「息が苦しくて大変です」と言う。

江戸時代に編まれた『武具用法図説《ぶぐようほうずせつ》』という兵法書には、なんと、ピンク色の着物に緑色の袴《はかま》を着けた男が忍術の修行をしている絵が描かれている。こういう姿で忍びの者を描いているということは、江戸時代にも「忍者＝黒装束」のイメージは定着していなかったことを如実に示している。

忍者の代表的な武器と思われている手裏剣も、ほとんど使われていなかった。『万川集海』には手裏剣は一つも出てこない。忍者がすぐに星形の手裏剣を打つというのは、おそらく、明治以降から昭和にかけて小説や映画などで作られたイメージにすぎないと考えられている。

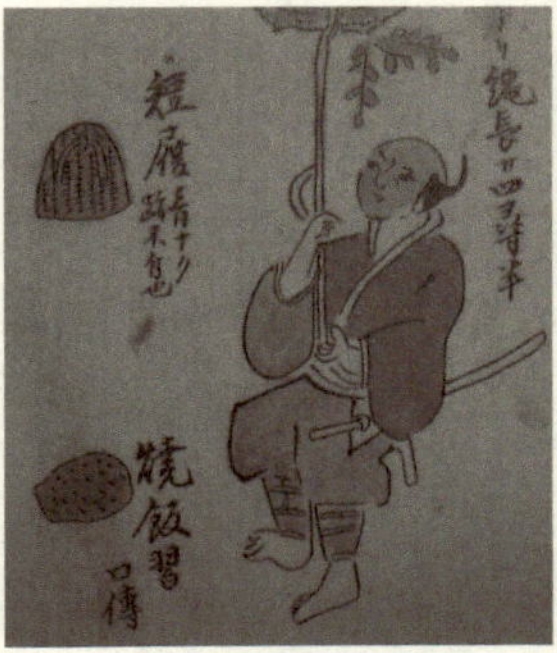
『武具用法図説』

投げる武器として最も古いのは石つぶてで、動物に投げつけ傷つけて獲《と》るなど、原始時代からあった。得物を投げつけて人を殺傷するのは史書では源平の時代ぐらいからだが、手裏剣として登場するわけではない。それが江戸時代に手裏剣術（当時は主に棒手裏剣）として大成され、武術の訓練の一つとなったと考えられる。つまり、もともと手裏剣は、武術の道具の一つなのである。

手裏剣は、的確に相手に命中させるには長年の修行が必要で、かつ、命中率が低い武器だ。敵を倒すならもっと有効な手段がある。持ち歩くにも面倒で、汎用性《はんよう》も低い。なにより、昔は鉄が非常に貴重だったから、小説やアニメや映画のように頻繁に投げ捨てるわけにはいかなかった。

忍者の道具にはふさわしくなく、合戦などで手裏剣が使われたことは、一〇〇パーセントとは言わないまでも、まずあり得ない。もしあったとしたら記録に出てくるはずだが、そうした信頼のおける忍者の記録は今のところ見つかっていないのである。

忍びの象徴、針と切

忍術は、長い戦乱を含めた生活全般のなかで、人々が安寧に生きるための軍用技術として編まれた。いわば、「総合生存技術」だ。決して戦いや殺人を目的として編まれたものではない。

「神武不殺《しんぶふさつ》」(神のように高い武徳は、人を殺すことではない)を最上とし、堪忍の心を以て行なわれる術技は、「和」を旨とする忍術へと、工夫が積み重ねられていった。そうした忍び(忍者と忍術)のシンボルと言えるのが、針と切《きれ》だ。

針は、縫い物に使う針である。平素は衣服を縫い、ほころびを繕《つくろ》うものだが、知識があれば今の鍼《はり》治療のように病気の療法にも用いることができる。そして、敵の急所を刺し貫けば、体の一部を動かなくさせ、命を奪うこともできる。これを「針打ち」という。甲賀の秘伝書『甲賀奥義之伝』には、「常に持ち　刺し縫い死活《しい》け　ともにする　秘すれば針の　極意と知れよ」とある。

ちなみに、針を使う武術は、古代に大陸から金属針が織物とともに伝来した際、呉や漢の縫い娘が護身の技として用いたと伝えられ、手裏剣や吹き針（口に針を含んで敵に向けてぷっと吹く）などの源流とも言われている。縫い物は目が疲れ肩が凝るので治療に針を用い、不埒《ふらち》な者に襲われたときには、非力な女性が針一本でも身を護《まも》ることができるとされた。この衣服を司《つかさど》る人々を、古代日本では「服部《はとりべ》（もとは機織部《はたおりべ》といい、機織りの技能を以て大和《やまと》政権に奉仕した一族）」と呼んだ。そのため、のちの伊賀忍者で有名な服部《はっとり》氏と結び付ける説もあるが、実態は不明である。

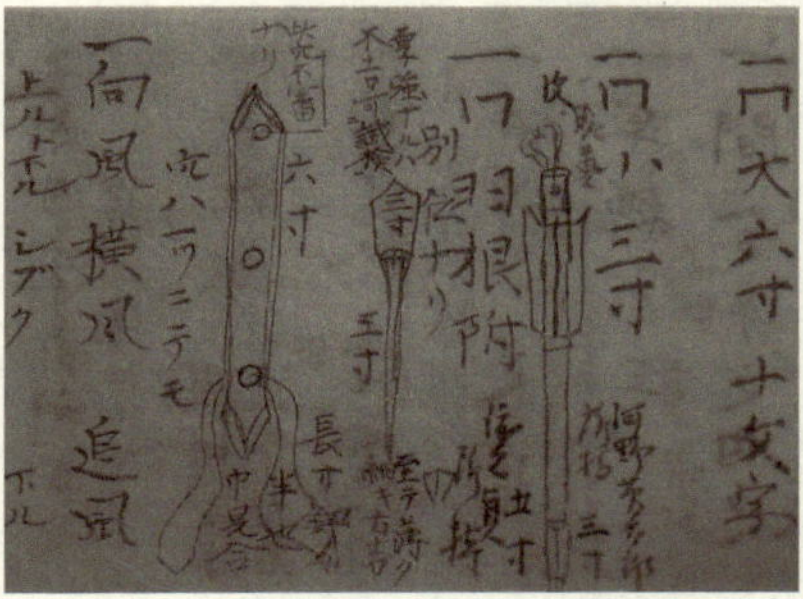
「針打之事」

針は人を助け、己を護り、ときには危険な武器となる。

常に有用で、日用品だから携行していてもまったく怪しまれず、他からは見えがたいものであり、忍者と忍術を象徴している。

一方、切とは布のことである。針と同様に日用品だが、物を包み隠したり、幕として体を隠したり、ほおかむりにしたり、切り裂けば包帯や綱にもなる。切で泥水を濾《こ》せば飲み水を作ることもでき、焼けば火薬の原料として使える。敵の放った矢を切で受けることも、状況によっては可能だ。麻、絹、木綿などの種類によっても、さまざまな用途に活用できる。

『正忍記』には「忍《しのび》の六具《りくぐ》」（忍者が携帯する六つの必須アイテム）として、編笠《あみがさ》、鉤縄《かぎなわ》、打竹《うちたけ》（火種《ひだね》）、矢立《やたて》・石筆《せきひつ》、印籠《いんろう》とともに、三尺手拭《さんじやくてぬぐい》（長さ約九一センチの手拭い）と記されている。殺菌作用のある蘇芳《すおう》という植物で染められたものである。

「眼に見えて　包み隠して　結《ゆ》う切は　露に用い　益《えき》ぞ多かれ」（『甲賀奥義之伝』）

切は、いつも人目に触れるものだが、疑念を抱かれることはまったくない。これもまた、忍者と忍術の本質を象徴するものである。

「正心」――忍者の根本精神

群雄が割拠した戦国時代には、卓越した忍びの技術を持つ者たちが、間諜《かんちょう》や奇襲を主な生業《なりわい》とする忍びの者として諸大名に重宝され、大いに活躍したと伝えられる。

諸将は、戦闘に突入すると自軍の被害を最小限にとどめながら、忍びの者を敵地に送り込んで夜襲や奇襲を仕掛けた。風の強い日に敵陣に忍び込んで火を放ったり、毒物を使って敵を混乱させることもあったという。

やがて江戸時代になると戦いはほとんどなくなり、忍者本来の活動の場は著しく減少したが、彼らは治安維持や藩主警護などの役割を主とする職にたずさわった。時代の変遷とともに、忍者の役割も変わっていったのである。

また、江戸時代には、忍術を後世に伝承するために術技が体系づけられ、中国兵法も取り込みながら大成された。さまざまな忍術書が編まれ、術技を習得するための修行法も整理された。

そして、武士としてのあるべき姿と重ね合わせ、武家社会の理念を取り入れながら、忍者の精神も確立していった。

すべての忍者にとって不可欠な根本精神は、「正心《せいしん》」である。

忍術は、密《ひそ》かに潜入し、情報や物などいろいろ大切なものを得るための術技であり、誤って用いれば盗賊と同じになってしまう。したがって、私利私欲のためでなく、大義のためのみに行なうものとして、正心という心構えが大切にされたのだ。

忍者の遂行する任務は、絶対的な正義とは言えない。己の行為に疑問や迷いを持つこともある。そうした葛藤《かっとう》を抑え込むのが正心で、大義によって正しい行動をしているという信念を持つことで、自らを正当化したわけである。

正心は、主《あるじ》の命令を守り、集団の大義や規範を全うし、決して己の欲望のために忍術を用いず、生死を離れて術技を駆使する忍者としての心を意味する。仁義忠信を守る武士道に似ているが、異なる解釈も含まれている。

秘伝書『万川集海』に見られる正心条目には、次のようなものがある。

「最も顔色をやさしく和にして、心底《しんてい》尤《もっと》も義と利を正すべきこと」

「平生固く真実を守り、戯言あるいは小事にも偽りを言ひ行うべからず」

「常に酒色欲の三つを堅く禁制し、ふけり楽しむべからず」

端的に言えば、いざとなったとき人から信用され、すぐ働けるように、普段から真面目に行動しなさい、ということである。

行動の指針と心構え

忍術は自存自衛のための技術（生存手段）であり、忍者としての基本は健全な心身にある。忍者に必須の条件としては、以下の三つが挙げられる。

・身体の敏捷《びんしょう》…剛健かつ敏捷な体は、軍用に限らずなにごとを成すにも重要だ。

・頭脳の明晰《めいせき》…敵をうかがい、謀略をめぐらして活動するには、頭がよくなければならない。智を集合し、緻密《ちみつ》な思考をめぐらして行動する。

・忍耐心…忍術の忍は堪忍（忍耐）の忍。なにごとにも耐え、恥を厭《いと》わず任務を全うし、生還する。

忍術使用の目的は、小は自分の身や家族、地域社会を護り、大は天下国家を護り安寧にすることだ。平和を維持するために日々情報を収集し、変化に対しては迅速・果敢に対応しなければならない。そのための行動指針として、以下の心構えが大切にされた。

・花情竹性《かじようちくしよう》…花のように優しく、竹のように強く真っ直ぐな心根。つまり「素直であれ」ということ。

・滅私奉公…自己より他のために尽くす心や人々・地域への奉仕を意味する。

・必死覚悟…常に真剣にものごとに取り組む心。捨て身。

・忍恥黙行…恥を恥と思わず、愚痴なく行動すること。真面目を意味する。
・無芸無名…自己顕示をせず、能力を秘める。
・陰徳謙譲…人知れず徳を施し、ひかえ目な行動をすること。
・廉恥潔白…恥を知り、正直を貫くこと、純粋を意味する。
『万川集海』には、「無芸無名」とよく似た忍者の精神を表す有名な言葉がある。

「水は浅きに依《よ》りて声ある」

「音もなく臭いもなく智名もなく勇名もなし。その功、天地造化の如《ごと》し」

忍者は目立たないことが重要だ。川の淵《ふち》に石を投げたとき、浅いとポチャーンと音がするが、深い淵ほど音がせず、石を投げたことすらわからない。

それと同じように、忍者が目立ったり有名になったりしたら、それはもう本来の忍者とは言えないのだ。実際、『万川集海』には伊賀、甲賀の十一人の忍びの名人が出てくるが、すべて無名の人たちだ。名前が知られるような者は上《じょう》の忍者（上級者）ではない、と記している。

しかし、忍者は目立たなくても、その働きは天地の万物を創造し育てるがごとき偉大なものであると、『万川集海』は言っている。「その功、天地造化の如し」は、忍者の自負心を表している。

こうした考え方は、自己アピールを重視する外国では通用しないかもしれないが、陰徳や謙譲は日本特有の美徳だ。忍者の精神は、その最たるものなのである。

古来、「伊賀の忍者は石になる」とも言われた。また、忍術には「隠形之法《おんぎょうのほう》」という敵から隠れる術があり、目立たぬよう身を隠し、叩《たた》かれても蹴《け》られても突かれても微動だにしない。なにごとにもじっと耐え忍ぶ、忍者を象徴する技と称される所以《ゆえん》だ。

三病の克服と不動心

『万川集海』には、恐れ、侮《あなど》り、考えすぎは忍者の三病だと書かれている。恐れは臆病者《おくびょうもの》が、侮りは慢心者が、考えすぎは頭のいい者が陥りやすいという。

三病の克服は、伝統に則《のっと》ったトレーニングによって可能だ。先人たちが行なってきたさまざまなトレーニングには何百年もの伝統の重みがあり、それを実践するだけで「自分はこれだけやれるんだ」と大きな自信になるので、恐れはなくなる。

侮りは、相手を知ることで克服できる。「彼を知り己を知れば百戦殆《あや》うからず」と孫子《そんし》の兵法に言うように、戦の要諦《ようてい》は敵と自己との力の比較にある。相手を寄せ付けない絶対的な強さを求めるのではなく、相対的比較で自分の方が上ならいいわけだ。相手と自分のレベルを知っていれば、慢心することはない。

考えすぎは、知識があればあるほど起こりやすい。いろいろな情報をもとに考えすぎてマイナス思考に陥り、行動できなくなることは現代人にもよくあることだ。

忍者の場合、相手の情報はすべて把握しておかないといけないが、考えすぎると「敵があそこで待ち伏せしているのでは？」「すぐそこに爆薬があるのではないか？」といった不安要素が必ず出てきて、身動きできなくなってしまう。いわゆる「びびる」というやつだ。すると、その姿が相手の眼に映り、自分の存在がバレてしまう。

だから忍者は、いかなるときも「心身一如《しんしんいちにょ》」で電光石火に動かないといけない。心身一如とは、心と体が一体となっている状態だ。いくら体力や技術が優れていても、不安を感じる前に知らん顔してさっと行動できる心の強さがなければ、自己の任務を遂行することはできないのである。

そのためには、なにごとにも動じない「不動心」を身に付けなければならない。不動心の重要性は武士道や禅などでも言われるが、忍者の心構えとしては最も重要であり、究極の精神力といえる。

不動心の境地に達するには、日常生活や日々の修行で心を鍛えるしかない。厳しい修行に耐え抜くのは簡単なことではないが、それにより術技や体力だけでなく忍耐力も養われ、マイナス思考に捉《とら》われずに冷静に行動できるようになっていく。

忍者の宗教心――「神貴佛敬之大事」

神貴佛敬之大事《しんきぶつきょう》とは、神仏を崇《あが》め敬う心を持つことが重要である、ということだ。

ただし、ここでいう神仏は、一般の人々が意識する神様・仏様や特定の宗教ではない。神とは大自然の真理・宇宙の真理であり、仏とは先祖のことである。先祖とともに森羅万象すべてに感謝する心を持てば、いざというとき最高の助けとなる。これが忍者の宗教心であり、メンタル面で非常に大きな支えとなっていたと考えられる。

もともと忍術には、修験道《しゅげんどう》の行法や知識がさまざまに取り入れられている。

修験道は、奈良時代に役小角《えんのおづぬ》という呪術者により開かれた、日本古来の神道と大陸伝来の仏教や道教などが混交習合した日本独特の山岳宗教である。修験者（山伏）は、多彩な宗教を取り込み、自然を崇敬し、山野を跋渉《ばっしょう》しながら神仏と一体となるべく修行を続け、そのなかで、天下の平安を達成するための祈禱《きとう》により、人々の煩悩や病気を治し救済するとされた。

これは、異質なものを融合同化しながら生存のための多様な知識を取り入れ、兵法や武術とともに医療、生活の術をも包含する忍術の起源とも通じる。修験道は、忍術のルーツの一つなのである。

実際に、戦国時代には軍師となり戦いに参加した山伏が多数いた事実がある。

甲賀の例では、江戸前期に忍者として御三家筆頭の尾張《おわり》藩に仕えた山伏がいた。二代藩主・徳川光友《みつとも》に召し抱えられた木村奥之助《きむらおくのすけ》という人物で、忍術書『甲賀忍之伝未来記《こうがしのびのでんみらいき》』を残したことで知られる。奥之助が残した術技は幕末まで甲賀に伝わり、私はその術技の系統も継いでいる。

九字護身法と三密

忍術に取り入れられた修験道の行法で特に有名なのは「九字護身法《くじごしんほう》」で、忍者漫画などには必ず出てくる。

やり方は、まず「臨《りん》、兵《ぴょう》、闘《とう》、者《しゃ》、皆《かい》、陣《じん》、烈《れつ》(裂)、在《ざい》、前《ぜん》」の九字を表す印《いん》を結び、次に刀印を結び、九字を唱えながら「えいっ!」と空《くう》を切る。

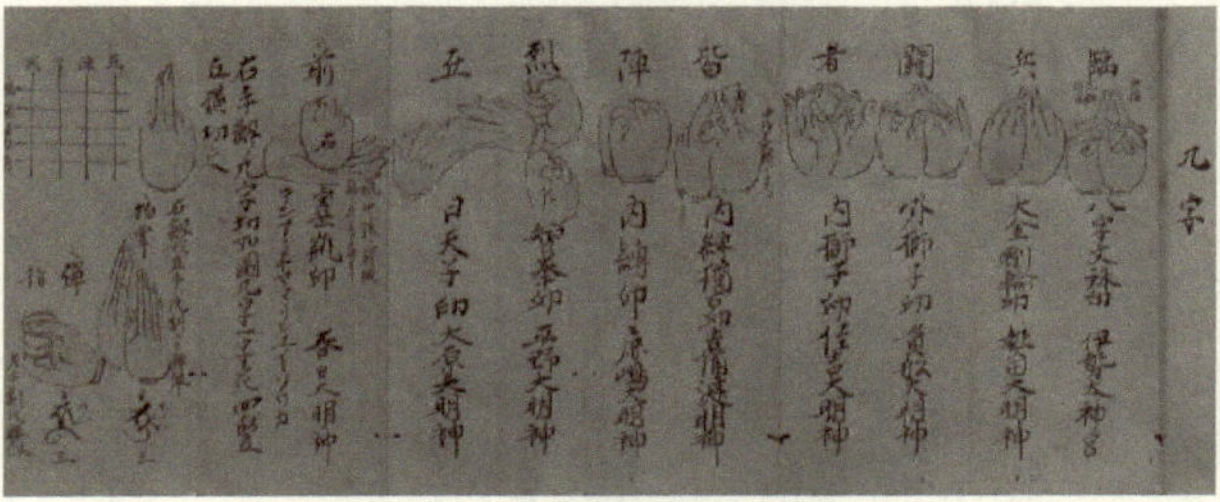

九字印と九字護身法

もともとは道教や密教のまじないで、摩利支天《まりしてん》の加護が得られるとされていた。これにより戦いの前に精神を安定させていたという。つまり、印と呪文《じゅもん》による精神コントロールだ。九字護身法は方式どおりにきちんとやらないといけないが、なにより、「神仏の加護があるから最後まで諦《あきら》めてはいけない」という心構えの部分が大切なのである。

「臨、兵、闘、者、皆、陣、烈（裂）、在、前」には、「兵《つわもの》に臨んで闘う者はみな陣を破り前に在り」という意味合いもある。九字の読み方はいろいろあるが、こだわる必要はない。

なお、ここに挙げた九字は、修験道でよく用いられた行法をまとめた『修験常用秘法集』記載のものだ。私が所蔵する『九字十字秘伝』には、「天《てん》、龍《りゅう》、虎《こ》、王《おう》、命《めい》、勝《しょう》、是《ぜ》、水《すい》、大《だい》、円《えん》」の十字があり、それぞれの文字を手のひらに指で書き、握ったり飲み込んだりするしぐさをすることで護られる、とされている。

たとえば、川を渡りたいときには「龍」か「水」の字を手に書いて飲み込むと安全であるとか、目上の人に会うときは「天」の字を手に書いて飲むと泰然としていられる、といった具合だ。こうした工夫がいろいろとされたこともあり、忍者が使う呪術はどんどん増えていった。

修験道から取り入れた呪術は、忍びの修行者を護り、敵を調伏《ちょうぶく》し、周囲の人々を救済するためのものである。たとえば、「神伝矢車之法《しんでんやぐるまのほう》」は、ある呪文を唱えると己の姿が消えるというもので、もともとは神代の昔からある古い儀式で、飯綱《いづな》の術であるとされている。

こうした呪術だけでなく、忍びの修行法にも修験者の活動から取り入れられたとされるものがある。その一つが、密教伝来の「三密行法《さんみつぎょうほう》」だ。

三密では、人間の活動を身（身体）、口（言葉）、意（意念）に分け、この三つを一致させれば神仏に融合同化して、不可能を可能とすることができるとされる。印を結び（身）、呪文を唱え（口）、神仏に願う（意）という三つを一つの形に表したもので、神仏に願うことは、「自分の身を護ってください」「敵をやっつけてください」「相手と仲良くなりたい」「病気を治してほしい」など、さまざまだ。

こうした修行を行なう際には、気合（精神の発露）や呼吸法が大事で、修験者の行法はその面でも取り入れられている。

飯綱信仰と道廼明理

ほかに、忍者の宗教として飯綱信仰と道廼明理《みちのあかり》がある。

飯綱信仰は、信濃国《しなののくに》（長野県）の飯縄山《いいづなやま》（飯綱山ともいう）で発祥したとされる山岳信仰で、その呪術が忍術に取り入れられた。

飯綱の神（飯綱権現）は神仏習合の神で、白狐に乗って剣と索《さく》を持つ鴉天狗《からすてんぐ》の姿で表されることが多い。鴉天狗は、不動明王のような恐ろしい形相だ。

鴉天狗は、インド神話に出てくる巨鳥カルラーと起源は同じとされている。ヒンドゥー教の神である巨鳥ガルーダも同様であるとされる。

飯綱の神は戦勝の神として上杉謙信《うえすぎけんしん》や武田信玄《たけだしんげん》などの戦国武将たちにも信仰されたが、この神が授ける「飯綱の法」（遁甲破堅法《とんこうはけんほう》とも呼ばれる）は、天狗や狐を使う邪法とされた。

しかし関東では、発祥の地・信州の飯縄神社をはじめ、東京の高尾山薬王院《たかおさんやくおういん》、千葉の鹿野山神野寺《かのうざんじんやじ》、徳川将軍家ゆかりの日光山輪王寺《にっこうざんりんのうじ》などで熱心に信仰された。江戸時代には、高尾山薬王院が徳川将軍家によって庇護《ひご》されていたほどだ。

一方、道廼明理と称する特殊な宗教も伝承されている。道廼明理は、魔我津神《まがつかみ》を主祭神とする神道系の宗教だ。魔我津神は読んで字のごとく暗黒の神だが、この宇宙は魔我津神がつくったものとされ、さまざまな呪術を行う。

道廼明理の教えは複雑だ。しいていえば、江戸時代後期の国学者・平田篤胤《ひらたあつたね》の代表的著書『霊能真柱《たまのみはしら》』（文化十年：一八一三刊行）の内容に似ているかもしれない。『霊能真柱』は、人間の死後の魂のゆくえを論じた書で、復古神道において死後の世界への関心が高まるきっかけとなった。

道廼明理では、宇宙は幽《かくり》と現《うつ》、要するにあの世とこの世の二つのバランスのなかにできていて、本体は幽（あの世、死後の世界）であるとし、それを司るのが魔我津神である、とする。そして、そういう世の中の構成を知れば「道に明かりを灯《とも》す」ことになる、とされる。ひとことで言えば、世の中がどういうふうにできているかを学ぶ宗教である。

学ぶことによって、忍びの術を使うとき、「皆は現（この世）しか知らないが、自分は幽と現の両方を知っているから皆より数段上にいる」と自信が得られるのだろうと、私は解釈している。もちろん、死後の世界があるかどうか私は知るよしもないが、昔の忍者は、そういう意識を持つことで自分を高めようとしたのだろう。

じつは私は、忍術を教えてくれた先代宗師家から、道迺明理に関するたくさんの史料を受け継いでいるのだが、内容がややこしいうえに、いわゆる神代文字《じんだいもじ》（日本固有の神代から伝えられたとされる文字だが、朝鮮のハングルなどに擬した偽の文字ともいわれる）で書かれたものもあり、なかなか研究が進んでいない。

先代は、道迺明理について、いっさい否定的だった。私も信者とは言えないかもしれない。だとすれば、今は誰も信者がいない妙な宗教だ。ただ、先代から受け継いだ史料は、こうした宗教も一部の忍者が信仰していた一つの証《あかし》になるわけで、その点では興味を持っている。

これを大成した宮太柱《みやたちゆう》（備中《びっちゅう》の人、ふとはしらとも）は、明治の初年、横井小楠《よこいしょうなん》暗殺に加担したとして島流しとなり、その地で亡くなった。

機を捉まえ、間隙を衝く――忍術の原理

忍術の基本原理は、武術や兵法と同様に、「機を捉《つか》まえて間隙《かんげき》を衝《つ》く」ところにある。瞬時の判断と行動が肝要だ。武術では、これを間合、気合、拍子で表現する。

機を捉まえるためには、天の時・地の利・人の和の「三利」を得る必要がある。三利は

兵法の基本だ。天の時はタイミング（天候、時勢、風評、流行など）、地の利はポジション（地形、風土、交通、通信など）、人の和はコミュニケーション（気質、感情、思想、思考など）といえる。この三利に留意して情報を得て、術技をほどこす。相手の状況を探る場合は、味方との比較をしながら判断することも重要とされる。

また、人間の生理・心理作用を活用することも基本だ。

人間は感情の生き物なので、相手の「七情（喜・怒・哀・楽・愛・悪《あく》・欲）」や「五欲（食・色・物・風流・名誉）」を熟知しなければならない。五欲のうちの風流欲とは趣味のことで、たとえば骨董《こっとう》とか茶の湯とかゴルフに凝っていることだ。

相手の七情五欲を知ったら、それをうまく利用し、策略を駆使して相手方に密かに侵入し、相手を陥れたり懐柔したりする。これは、皆さんも日頃からやっていることだ。

たとえば、初対面の人を訪ねるとき手土産を持っていくのも、営業マンが訪問先の家で「お庭がきれいですね」と言うのも、上司がする趣味の話に「私も好きなんです」と好きでもないのに合わせるのも、七情五欲のどこを攻めれば相手が落ちるかを考えているからである。ハニートラップ（色仕掛けによる諜報活動）や、大金持ちですべてを持っている人に勲章や名誉職などを与えるのも、七情五欲の活用だ。

こういうことが全部通じないのは聖人君子だから近寄れなくなってしまうが、この世の中に、まずそんな人はいない。秘伝書にもそう書いてあるから、昔の人はかなり人間を観察して動いていたことがわかる。

相手の七情五欲を知って近付くのは、悪いことではない。それを知らないと人間関係が作れず、相手の気分を損ねてしまうこともある。謀略に使う場合は、いちばん有力な武器となったのだ。

ほかに、相手を暗示にかける場合には宗教や占術も使った。さらに、「五大（地・水・火・風・空）」や「三才（天・地・人）」も自分の味方にした。大自然と一体同化し、万物を味方にして即応変化する柔軟な思考と行動も、忍術の原理なのである。

虚実の転換

こうした忍術の原理をわきまえたうえで、「虚実の転換」で相手を攪乱・扇動し、失敗を誘発させる。

虚実の転換とは、有るものを無いように、無いものを有るように見せたり、小を大に、大を小に見せたりすることだ。たとえば、私が小学生の頃、こんな話があった。

当時、「伊賀流忍術」を称する伊賀白祐斎《いがはくゆうさい》なる忍術使い（その頃は「忍者」とは言わなかった）が、あちこちの学校・映画館をまわって忍者ショーのようなことをやっていた。一種の寄席芸で、自分の得意とする体術や奇術を「忍術」と称して見せるわけだ。主に、縄抜けや、縛られたまま箱の中に入り脱出する手品や催眠術だったが、そのなかで彼は、床に座ったまま飛び上がるという特殊な体術を披露した。普通の人はなかなかできないものだが、白祐斎は正座とあぐらの両方の姿勢からバーンと飛び上がり、どちらも舞台に立ててあった屏風《びょうぶ》を飛び越したというのである。

また、私の先代は私の目の前で座したまま飛び上がり、天井を蹴って降りたった。先代もまた伊賀流忍術と称して映画館などで演じたと聞いており、同様の技を披露していたという。

あとになって私は、「本当にそんなに飛び上がったかな？　催眠術にかけられていたのではないか」と懐疑的に思うようになった。

ところが後年、天心古流《てんしんこりゅう》という武術を教えておられた姉川勝義《あねがわかつよし》氏から、「私も忍者が座ったまま高く飛び上がったのを見た」と手紙を頂いたのだ。

私は、「子供だったから、ものすごく高くジャンプしたように見えたのかもしれない」

と思っていたのだが、姉川氏が忍者のジャンプを見たのは大人になってからだという。武術の世界ではかなり著名な姉川氏が、わざわざ嘘を書いて送ってくるはずもない。「やはり本当だったのかな」と、私は半信半疑になってしまった。いまだに半信半疑のままである。

もし、われわれが騙《だま》されていたのだとしても、「伝説」というのは、こうしてだんだん作られていく。

この私にしても、些細《ささい》なことでも、それに尾びれ背びれがついて話が大きくなっていくのだ。すでに「伝説」ができあがっている。それによると私は、高さ何メートルもある高石垣のてっぺんから、バック宙をしながら飛び降りたらしい。それを「見た」と言う人が何人もいる。だが、私はやったことがない。

ただ、屋根などや石垣から飛び降りるのはしょっちゅうやっていた。おそらく、それを見た誰かが、「ただ飛び降りるより、バック宙をしながらの方が面白い」と思って作り話をし、やがて都市伝説のように、「私も見た」と言う人が何人も現れるようになったのだろう。

実際には見ていないのに、だんだん見た気になってしまうことが人間にはある。単に高いところから飛び降りるのを見ただけの人でも、「そのとき、バック宙していただろ」と誰かに言われると、「ああ、そういえばしてたな」と思い込んでしまうのだ。

私は先代から、そういうときには、あえて否定するなと言われた。

「自分で『できる』と言うと嘘つきになるから、否定も肯定もせず、知らん顔してぼやかしておけ。そうすると、できるということで話は広まっていく。虚実転換之法の一つだ」と。


人間は、自分の目で見たことを簡単に信じてしまうが、本当に見ているかどうかはわからない。記憶というのは、かなりいい加減に作られていく部分があるので、ちょっと誘導されると、無いものを有るように見たと思い込んでしまうところがある。そういう錯覚を利用して、自分に不思議な能力があるように思わせてしまうこともできるのだ。

このように頭を使う忍術を「陽忍《ようにん》」という。陽忍とは、姿を隠すことなく情報の収集や操作、計略などによって目的を遂げる術を指す。

それに対して、姿を隠して敵地に侵入し内情を探ったり、奇襲により相手を攪乱するなど、主に身体的な動きや道具を使う忍術を「陰忍《いんにん》」という。

生き抜くための「四知之伝」

陰陽の忍は、術技を複合し一体化して用いることが重要とされるが、何度も言うように、決して戦いを主目的とするものではない。互いの損失を少なくし、共存共栄を求め、「和」と「忍」を眼目とするのが、忍術の神髄である。

忍者の心構えには、「過去、現在、未来之伝」というものがある。「過去」は、忍び入りや工作の前の計画を充分に練ること。「現在」は、忍び入りや工作の際は慎重に行動し、隙を見せないこと。そして「未来」は、謀《はかりごと》を成したあとの備えを充分に行なうことで、生還を想定した計画のことだ。

あくまでも、生きて帰ってくることを前提に準備をしてから、相手方に忍び入るわけだ。「行ってみて扉が開かなかったら死ぬかもしれない」という状態では、決して忍び入りには行かない。周到な準備がいちばんの基本だ。

そのために、「四知之伝《しちのでん》」という状況分析をする。四知とは、「望・聞・問・切」である。

まず、「望」では全容を見る。次の「聞」では、相手の様子を探り疑問点を見つける。「問」では、それを相手に投げかけて反応を見る。そして「切」では、相手の様子の全体像から総合的に判断して、効果的な手法を構想し、「いざ！」と忍び込みを実践する。

このやり方は、漢方の病状診断法とよく似ている。漢方医学では、まず患者の様子を見て（望）、患者に体の具合をたずね（聞）、そこを触ってみて（問）、それで総合的に病状を判断し治療する（切）。忍者の場合もこうすれば、恐れもなく、侮りもなく、無理もせず、生きて帰ってくることができるのだ。

なにがなんでも生き抜く――。それが忍者の信条なのである。

第二章　実践・忍びの術技

忍術の実際

木の葉隠れの術、蜘蛛《くも》の伝、乱足沓《みだれあしぐつ》の事、要《かなめ》の大事など、忍術や忍者の心得には興味をそそられる名前が多い。だが、内容は摩訶《まか》不思議の術ではなく、ほとんどは合理的な教えや手法を虚実転換で名付けたものである。それらのなかから、口伝をもとに編まれた甲賀流『加條之巻《かじようのまき》』や伊賀流『伊賀伝目《いがでんもく》』などの秘伝書に伝わる忍術をいくつか紹介しよう。

【隠れ業】

・木の葉隠れ…木立の陰に隠れる術とされることもあるが、伊賀甲賀では木の葉を人間にたとえ、「たくさんの人のなかに紛れ込み自分の存在を消す」ことが最も大切であると学ぶ。

・柴《しば》隠れ、草葉《くさば》隠れ…忍術では、「忍定《にんじよう》」といって自決したかのように見せることもある（P93参照）。そのとき、葬式をあげて墓に入り、一か八か、掘り出されるのを待つ術だ。草葉は墓場のことであり、柴は「しばしの隠れ」という意味もある。

・忍顕《にんけん》大事…自害に見せかけたとき、わざと偽の身元がわかるように誘導すること。

・形を隠す術…自分が死んだように見せかけて別人になる。現代でも犯罪者やスパイが偽造パスポートなどを用いて使う手だ。

・仏隠れ、神隠れ…僧侶《そうりょ》（仏）や神官（神）に姿を変える。江戸時代には宗門人別帳（今の戸籍簿にあたるもの）があり、一戸ごとに家族構成、名前、年齢、宗旨などをお上が把握していた。僧侶や神官がその管理を行なっており、移動は案外自由だった。その姿になれば怪しまれず、それなりに尊敬を受けられ、当時は寺や神社に地域の情報が集まったので諜報《ちようほう》活動もしやすかった。裏返せば、「僧侶や神官を、見かけだけで信用してはいけない」という戒めの意味合いもあった。

・楊枝《ようじ》隠れ、扇子隠れ…爪《つま》楊枝や扇子を飛ばし、相手が気を取られている隙に姿を隠す。些細《ささい》な事でも工夫して相手の注意を惹《ひ》けば隙をつくり出せるという教訓的な意味合いもある。

【蚤《のみ》、虱《しらみ》、蚊、蝿の伝】

忍び込みの術。どんな人にも蚤、虱、蚊、蝿のように身にくっついて、血（大事なもののたとえ）を吸うように最も有益な情報を得ろ、という教えでもある。

【穴蜘蛛地蜘蛛の伝】

鍵《かぎ》がかかった門の下に穴を掘って侵入する術技。ほかに、蜘蛛の巣のようなネットワークを使って敵を陥れたり、敵がいる場所（穴）も含めたあらゆる場所に情報網を張り巡らすことが大事、との意味合いもある。

【角に縄を付ける伝】

城などの濠《ほり》を渡るとき、図のように濠の隅に縄を斜めに張って渡り侵入する方法。こうすれば橋を通らなくても渡れる。

【菱結配様の事】

逃走用の隠し武器である撒菱《まきびし》の作り方。木でも竹でも鉄でも作れることや、三角形を三つ集めた形にするにはどう結ぶのかも秘伝書には書かれている。撒菱は世界中にあり、現代でも外国の警察には暴走車のタイヤを撒菱でパンクさせて止めているところもある。

【乱足沓の事】

雪道やぬかるみでは、足跡で自分の存在を悟られないようにしなければならないが、乱足沓の事は、わざと足跡がわかるようにして、誤った方向に敵を誘導する術技だ。いかにも足跡を隠そうとしているかのように見せかけ、後方の敵を乱していく。

【要の大事】

敵の集団の要となる者は誰かを見つけ、そこを攻撃・抹殺すれば、扇の要が外れてバラバラになるように敵を殲滅《せんめつ》できるという教え。

【重播《しとまき》、草苞《くさづと》の大事】

重播・草苞は金銭（賄賂《わいろ》・機密費）を指す。謀略を成功させるには金が重要で、それがないと忍び働きができないという教え。日露戦争を始めるとき、日本の大本営がロシア内外の不平分子を扇動して帝政を倒すべく大謀

角に縄を付ける図

報作戦を計画し、帝国陸軍の明石元二郎《あかしもとじろう》大佐が裏で莫大《ばくだい》な額（日本の歳入が二億五千万円の頃の百万円）の機密費を使い、ロシアの革命派を煽《あお》ったことは有名だ。昔も今も、情報収集や裏工作には金が必要なのだ。

【忍衣類の事】

忍者の着物は、藍《あい》染めのあとクレで染められていた。クレは山や田んぼにドロドロと湧き出る酸化鉄で、布を腐りにくくし、防虫や止血効果がある。クレ染めの布は多少の毒も濾《こ》せるとされ、甲賀伊賀地方では農作業の衣類に使われた。第一章でも述べたが、忍者の格好は当時の農民の一般的な服装だったのだ。さらに、クレ染めや藍染めは布が真っ黒に染まらず、夜に紛れて見えにくいのも都合がよかった。夜でも月や星があれば、真っ黒な衣装は光の加減でかえって目立ってしまうのだ。

ちなみに、カウボーイがジーパンを穿《は》いたのも、藍染めの布に防虫・止血効果があり、毒蛇に噛《か》まれないようにとのまじない効果も期待したからで、考え方は同じだ。

【無門の一関】

人の心のなかにある門は、城や家の門のように目に見えない。それを見通すことが大切という教え。禅の悟りより引いた教えである。

心技体の継続修行

こうした忍術を実際に駆使するには、日常生活のなかで絶え間なく修行を積み重ねていかなければならない。以下に述べるのは、私が幼少期より続けてきた忍術修行の内容である。まず、修行の体験を語るにあたり、前もって知っておいていただきたいことを説明しておこう。

忍術の修行は、正心と忍耐、身体の敏捷《びんしょう》、頭脳の明晰《めいせき》という忍者の条件を満たすための鍛錬だ。心技体の修行を続けることにより、知識と実践の技を一体化しながら忍の心と術技を養う。修行に終わりはなく、学ぶべきことは多岐にわたる。修行は大別すると次の三つになるが、これらは互いにリンクするところもあるので厳密な区別はできない。

①心の鍛錬…呼吸法、気合、苦行（九業）など。
②身体の鍛錬…歩法・走法・跳躍法・身体操法・武術の習得、腕力・手指力の強化など。
③知識と技術の鍛錬…謀略諜報などの手法、薬草と毒草の見分け方と調合法、火薬の調

合法、家屋侵入の手法、卜占《ぼくせん》や呪術《じゅじゅつ》の習得など。

心の鍛錬にある「苦行（九業）」とは、忍の心を得るために人間の生理に反することをわざと行なうもので、次の九つがある。非常につらい修行で、「九」を「苦」にかけている。

・整息と止息…種々の呼吸により息を整える、長時間息を止めて耐える。長時間息を止めて耐える練習は、初めのうちは水を張った盥《たらい》のなかに顔を突っ込んで息を止める。私が幼い頃は、だいたい二分が限度だった。濠や海のなかに入れば全身に水圧がかかるので非常に苦しい。外国のヨガの行者には三十分も海中に潜る人がいて、その間、仮死状態になり呼吸をしていないという話を聞いたことがある。

・不動と無言…長時間同じ姿勢で動かない、長時間無言でいる。ヨガの行者にも、同じポーズを何十年も続けている人がいる。

・断食と大食悪食…絶食に耐える、大食をする、異物を食す。長期間の断食により自分の限界がわかり、「二、三日食べなくても平気」という一種の余裕も出てくる。大食は、御馳走《ごちそう》をたくさん食べるのではなく、塩むすびを何十個も食べるといった類《たぐい》なので、決して楽しいものではない。また、大酒を飲むという修行もある。悪食は、土や動植物などの異物を食すことだが、昔は忍者を称する人が電球を食べることもあった。見ている人は驚くが、電球は薄くて柔らかいので、じつは食べやすい。ガラス食いは忍術修行とは言えないが、思い切ってやることがなんらかの鍛錬になるかもしれない。

・脱衣と着衣…裸で過ごす、厚着で行動する。

・断火、断水、断塩…生活のなかで火、水、塩を使用せずに過ごす。断食と同様、自分の限界がわかり、一種の余裕が持てる。

・忍恥と広言…あらゆる恥辱に耐える、他をはばからぬ広言を吐く。新入社員に繁華街で「いらっしゃいませ！」と大声で言わせる研修や、政治家志望の人が駅前で野次を飛ばされながら演説を続けるのと同じ類だ。やるかやらないかの問題で、実際にやってみれば意外と難しくない。

・耐痛、耐搔痒《そうよう》…痛みや痒《かゆ》みに耐える。私の経験では、痛みより痒みの方がつらく感じた。

・耐寒暑…真冬に滝に打たれる、真夏に焚火《たきび》に当たるなどして寒さ暑さに耐える。

・不眠、耐便意、不休…眠らず休まずの行動に耐える。大小便を我慢する。私の経験では、不眠はどんなに訓練しても三日が限界で、それを超えると自分でも気付かぬうちに眠っていた。便意の我慢はとても苦しいものである。不休は、単純な動作や作業を休まずに続けることだ。たとえば、A地点にあるたくさんの砂や石をB地点に運ぶ、全部運んだらA地点に戻す、それをまたB地点に運ぶ、というように同じ作業を延々と繰り返す。人間は、複雑なことだと興味を持ち工夫もするので、あまり苦痛を感じずに続けられるが、単純なことを目的もなくやり続けると拷問のように感じてしまう。

忍術修行は、心身の健全な発達を妨げないように、成長の段階に応じて徐々に厳しくなるよう工夫されている。また、誰もが学ぶのではなく、適性を選んで指導される。たとえば、丹波《たんば》地方（京都府西部と兵庫県の一部）で形成・伝承された村雲《むらくも》流忍術の『村雲流奥忍之巻』では、修行階梯《かいてい》が「第一関（捨）嬰児《えいじ》を選ぶ」「第二関（拾）十二、三歳」「第三関（忘）十七、八歳」とされており、次のような記述が見られる。

「十七、八歳を経て稽古《けいこ》を続ければ、熟練者になることは困難ではない。四十歳を過ぎていくと衰えるため、能力を維持するのは至難なことである。老いは若い頃より始まるから、摂生して贅沢《ぜいたく》をしてはならない」

なお、丹波では、忍者が担う役割も年齢に応じて異なっていたとされるが、伊賀、甲賀ではあまり意識されていなかったようである。

日本の武道や茶道などでは、師弟の関係や個人の能力を「守破離《しゅはり》」の三段階で表す。忍術の修行も同様だ。幼少期〜少年期は、師の教えに忠実に従う（守）。青年期には、自己の工夫を加えて実践する（破）。そして最終的には、固定観念を去り、融通無碍《むげ》に行動する（離）。私自身もこのように修行を進め、現在は「離」の段階に到達したものと心得て、修行と研究を継続している。

それでは、私の忍術修行の詳細をお話ししよう。ただし、肉体鍛錬のなかには身体発育期の健康を害するものや、医学・生理学的に見て効果が疑問なもの、健康を損なう可能性があるものも存在する。我流での真似はしないよう、くれぐれも注意していただきたい。

人生を変えた出会い

昭和三十年（一九五五）頃、生まれ育った福井県若狭《わかさ》の瓜生《うりう》村で、六歳の私は一人の老人と出会った。

当時、瓜生村には、いろいろなところから薬売りや物乞《ものご》いなど「わたり」といわれる人達がやって来ていた。その老人も「わたり」の一人で、雲水《うんすい》（禅宗の修行僧）の格好をしており、饅頭笠《まんじゆうがさ》に手甲《てっこう》をした手に錫杖《しやくじよう》を持った姿だったと記憶している。痩《や》せて小柄で眼鏡をかけた、どこにでもいそうなお爺《じい》さんだった。

初めて出会った頃は、老人は村の天神様の境内に子供たちを集めて、地面に丸い絵を描いたり、擲銭《てきせん》をしたりして遊んでいた。擲銭は易経の占いの一つでもあるが、彼がしていたのは、柱に打ち付けた折れ釘《くぎ》めがけて古銭を投げつけるゲームのようなものだ。江戸時代には、こういう遊びがあったらしい。

古銭の真ん中には穴が開いていて、老人が勢いよく投げつけると、みごとにその穴に釘が通った。今思えば、見えない糸を使った手品だったのかもしれないが、私はそれを見て「ええっ！」とびっくりし、いっぺんでその老人に気を惹かれてしまった。

老人の名は石田《いしだ》正蔵《まさぞう》。あとから知ったことだが、そのとき七十歳ぐらいで、自宅のある京都と瓜生村を行き来していた。出会いは雲水姿であったが、ときには村の木賃宿に泊まりながら配置薬の仕事もしていた。大東亜戦争時には関東軍の特務機関に属しハルピンにいたという。

この老人こそが、甲賀伴党二十代の宗師家だったのである。

擲銭に釣られた私は、その後も石田老人と遊ぶようになり、さまざまな不可思議の術を見せられるうちに、すっかり魅了されてしまった。いつしか私は、忍術修行のために師のもとに付くようになっていた。小説や映画のような劇的な入門シーンがあったわけではない。

修行は、天神様の裏にある小高い山や、私の家の近所にある墓場など、人目に付かない場所で行なった。石田先生は忍術書の類をたくさん持っていたが、「書物は実用と関係ない」という考えなのか修行では書物をいっさい使わず、私はほとんどすべて口伝で教わった。

なぜ、石田先生が私に忍術を伝えようとしたのかは、よくわからない。その頃の私は無口で、同年代の友人と遊ぶことはあまりなかった。皆が「右へ行こう」と言うと、自分だけ左へ行くか、そのままじっとしているようなタイプで、学校ではまったく目立たず、無口でただ大人しいだけだった。忍術修行は秘密に行なうものだから、無口で目立たない点が気に入られたのかもしれない。

ちなみに、初めて出会ったとき師が地面に描いていた絵は、忍者の暗号であった。地面に描いた丸に印をいろいろ付け、その印の付け方により意味合いを持たせて、それをあとから来た仲間が読み取るのだ。

そうしたことも含めて、私は遊びの延長のような感覚で忍者修行を始めたのである。

幼児期の修行

忍術の修行は幼児期より開始するのが最良だが、「何歳のときにはこれをやる」と、きっちり決まっているわけではない。幼児期は筋肉も骨も未発達で、当然ながら難しいことは理解できないので、遊び心でできる術技や、基本的な心身の鍛錬を行なった。

遊び心でできる術技としては、前述した擲銭のやり方や暗号の作り方のほかに、小石を弾《はじ》き打つ方法、神代文字の書き方、針を吹き放つ技などを習った。

身体の鍛錬では、手足の指の使い方の重要性や関節部の特性を認識するために、さまざまな歩法や走法、身体操法を教えられた。静かに音を立てずに歩いたり、素早く移動する方法などを教わった。

心の鍛錬としては呼吸法が大事だ。呼吸により体内に気を充満させ、頑強な体力、気力を養うことができる。最初に習ったのは正息法（整息法《せいそくほう》）という穏やかで静かな呼吸法だった。

正座し、吸う息を線香の煙のように細々と鼻より腹中に収め、いったん止めて、その気を全身にめぐらせるよう意識する。吐くときも同様にして息を鼻より徐々に吐き出す。これを、音を出さないよう静かに行なうのだ。

効果的に行なうには、鼻先に羽毛か紙をつけ、揺れたり落ちたりしないよう、静かに呼吸を整える。私の場合は、綿を舐《な》めて鼻先に貼り付け、これが落ちないように呼吸した。すると、心が静まってくる。息を整えることは精神統一につながるのである。

正息法は、息の音を消すための練習でもある。呼吸音を無くすことは、自分の存在を無くすことにつながる。これを「無息忍《むそくにん》」という。右に述べた正息法を、ほかの鍛錬で体を動かした直後にも行ない、呼吸を乱れ無く整えて、音が無くなるようにする訓練を、私は幼児期から行なってい た。

また、無息忍には椿の葉っぱを噛んで咳《せき》を止める術もある。ほかに、自分の存在を気付かれないようにするための術技として、無足忍（足音を無くす）、無臭忍（韮《にら》や大蒜《にんにく》など臭《にお》いのするものや汗をかきやすいものを食べない、歯を噛み合わせたり舌を動かしたりして唾液《だえき》を分泌させることなどにより臭いを無くす）があり、無息忍と合わせて「三無忍《さんむにん》」という。

児童期の修行

この時期の修行は、身体の発育を阻害しないレベルから始められた。日常生活のなかで継続的に心身鍛錬を行なうことが重要だ。

【足や手などの身体部位の初歩鍛錬】

・深草兎歩《しんそうとほ》…手の甲に足を載せて歩く修行で、小さく潜み入る為の歩法訓練である。
・足甲《そっこう》歩き…足の甲や爪先で歩行する修行であり、変装や足の強化を目的としている。
・日想観《にっそうかん》、月輪観《げつりんかん》、神遊観《しんゆうかん》…これらは密教や修験道と関係する。日想観は太陽を、月輪観は月をイメージして、その中に入り込むようにする、一種の精神の統一方法だ。

神遊観は、特に寝る前に練習する。実際には動かないまま、布団から起き上がって戸を開け、一歩二歩三歩と外へ出ていき、最初は家の近くを歩いて戻ってくることをイメージする。徐々に距離を延ばして遠いところまで行き、その間に見るもの（実際には見えるはずがないのだが）をイメージし、戻ってくる。近くを歩いているうちはいいが、遠くまで行くようになると、ふっと我に返ったらそこで意識が中断してしまうので、かなり難しい。神遊観は、意識継続のためのイメージトレーニングと言えよう。

最終的には敵地潜入の想定になるが、実際の敵地潜入には想定外のことも起こるので、あらゆる選択肢を持ってイメージしなければいけない。服部半蔵正成《まさなり》は神遊観が上手で、敵地へ行かずに敵の城のなかの様子を見たという伝説がある。

【身体動作に合わせたさまざまな呼吸法、気合術など】

心気体を一致させるための鍛錬で、激しいものや穏やかなものなど多種にわたる。

・二重《ふたえ》息吹《いぶき》…正座して、「吸う、吐く、吐く、吸う、吐く、吸う、吸う、吐く」の順に、静かに長い呼吸を繰り返しながら、気を整える。意識しないと絶対にできないので、慣れるまでに時間がかかる。

慣れてきたら、これを逆呼吸で行なう。息を吸ったときに腹をへこませ、吐いたときに腹を膨らませるのだ。要は腹式呼吸とは逆で、健康法や呼吸法には必ず出てくることである。

二重息吹をする間は、呼吸は止めず、気を全身にめぐらすこともしない。慣れるとともに、呼吸の速さや種々の緩急をつけながら、跳ぶ、走るなどの動作に合わせて二重息吹を行なう。トータルで考えれば酸素が足りなくなるはずで、やってみるとかなり苦しい。

だが、単純な腹式呼吸よりも、この二重息吹をするほうが、臍下丹田《せいかたんでん》（へその下一寸半＝約四・五センチのところ）に力がみなぎってくることを自覚するのが早くなる。

二重息吹は鍛錬なので、修行のときしか行なわない。真偽は不明だが、沖縄空手にも同様の呼吸法があると私は聞いた。忍術に限らず、修行者であれば誰でも、そういう考えになるのかもしれない。

・有声無声《ゆうせいむせい》の気合《せい》（陰陽の気合）…有声の気合は、姿勢を整え、両手を頭上に上げて構えたら、「エイ、ヤア、トウ、ハッ」の気合を発しながら、両拳《りょうこぶし》を急激に臍下丹田のあたりに打ち下ろす。ただし、拳を腹部に当ててはならない。無声の気合は、目前に目安を定め、約2〜3間（約三・六〜五・四メートル）を隔てて右手を頭上に構えたら、心のなかで激しい気合を発しながら、手を目前の目安に向けて振り下ろす。そのとき、決して声を発してはならない。

【関節や内臓を含めた鍛錬】

一種の身体コントロールで、小さいときにやってコツをつかむ必要がある。大人になってからでは、癖がついてしまうのでうまくいかない。

・脱関節…関節を外すこと。たとえば両肩の関節を外すと、ちょっとした隙間に潜り込んだりするときも便利だし、小さな穴でも抜けられる。だいたい首と肩が入れば、どんな穴でも抜けられるものだ。敵に縄を絡められたときも、ちょっと隙間ができるので有利になる。ただし、縄抜けできないようにくる方法はいくらでもあるので、実際には役立たない場合が多い。脱関節をしょっちゅうやっていると、なにかの拍子に外れてしまうこともある。私は寝ているときによく肩が外れてしまい、朝、痛くてどうしようもないことがある。

・臓腑《ぞうふ》移動…体の外側の筋肉により、体のなかの胃や腸などの臓腑を動かす。動かすことが目的ではなく、これができるようになると、心気体の一致ができてきている目安となる。

藤田西湖氏の貴重な映像を三重大学の山田雄司先生が入手して、私も見せてもらったが、同じようなことをやっていた。ヨガでも同様のことをやる。心身鍛錬をしようとする者にとって臓腑移動は特殊なことではなく、一つの真理なのであろう。

【家屋侵入のための種々の方法】

人家の鍵を開けたり、戸を開けたりする術技で、私は自分の家や知り合いの家で実践練習した。
・暗夜の心得…昔の夜は真っ暗闇に近いこともあったが、少しでも星や月が出ていれば上の方は明るい。普通の視線では見えないものも、下から上を透かしてみると、よく見える。下の方にいれば相手からは見えないので好都合。そうやって侵入したのである。
なお、伊賀流では、闇夜に目を慣らすために目の周りに墨や竜脳（清涼剤の一種）を塗った。目の周りを墨で黒くすると、すぐ目の周りの白っぽい皮膚反射がなくなり、目がよく利くとされ、竜脳は眠気ざましの効果もあるとされた。これを「闇夜の習い」という。
・侵入手法…昭和三十年代、私の村では人家の戸の多くはドアではなく引き戸だった。戸締りは木の栓かしんばり棒を使っていたので、主にそうしたものを音もなく外す手法を教わった。
家に忍び込むときは、足音を立てないようにそーっと歩く。基本は「抜き足」「差し足」だ。片足を引き抜くように高く上げ、そこから指先で地面を触るようにそっと下ろしていく。これなら真っ暗闇でも石や段差に引っかからないし、屋内の床に置いてある物につまずいたり踏みつけたりせずにすむ。抜き足差し足で前後左右に歩けるよう、徹底的に練習した。

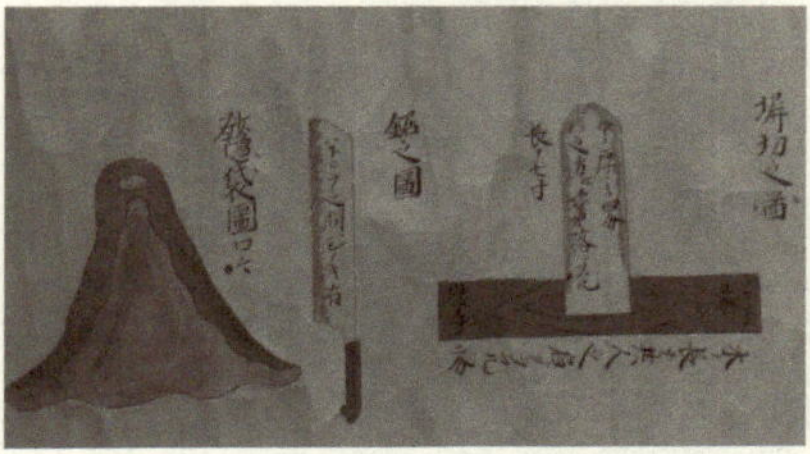

「伴党窃盗道具之巻」

忍び込むときは、刀を持っているとどこかに引っ掛けてしまい難儀する。腰に帯びているなら右へ左へよけることもできるからまだしも、フィクションの世界では、忍者は背中に刀を負っていることが多い。これでは障害物をよけようがないし、縁の下へ潜り込もうとしたら床板にガツンと当たってしまう。仰向《あおむ》けに倒れでもしたら自分の背骨を傷めてしまう。

まして、刀を右肩から左腰に掛けて負うなど論外だ。これでは刀を抜くことすらできない。きゃりーぱみゅぱみゅの『にんじゃりばんばん』のミュージックビデオでは、刀は左肩から右腰に掛けて背負われていた。これもフィクションではあるが、誰かが考証して抜きやすい刀の向きを教えたのだろうか。

【薬草、毒草などの知識】

薬草や毒草について、忍者は日常生活のなかで折に触れて学び、怪我や病のときは即時に対応した。特に甲賀には、薬関係の伝承がよく残っている。石田先生も、私が怪我をしたり腹痛を起こしたりすると、そのへんにある草花や樹木で治療に使えるものを、すぐに教えてくれた。

自然界にあるものを治療や健康維持に用い、場合によっては相手を弱らせる毒として用いた例は多い。ただ、それは普通の植物図鑑を見ればすぐに出てくるようなレベルで、忍者独特のものというより、生活の知恵の一つだったと考えられる。

人を殺すほどの猛毒を持つ植物は鳥兜《とりかぶと》、朝鮮朝顔、曼珠沙華《まんじゅしゃげ》、馬銭《まちん》などいくつかあるが、そんなにたくさん種類はないので、基本的には毒殺が頻繁に行なわれたわけでもないだろう。朝鮮朝顔の種子を食べると脳をやられてしまうそうで、今売られているのは毒を抑えているものがほとんどだ。馬銭の種子からはストリキニーネを精製し、殺虫剤を作ることができ、江戸時代には犬や鼠を殺すのに使われた。ほかに馬酔木《あせび》にも毒があるが、即死するような強さではない。

一方、韮や野蒜《のびる》や葱《ねぎ》など臭いの強い植物は、腹痛によく効く。私も、ちょっと下痢したくらいなら、韮や野蒜を食べればすぐに治った。また、虎杖《いたどり》は真言宗の開祖・空海《くうかい》が東寺《とうじ》の内陣に密《ひそ》かに植え、痛み止めとして使ったとの伝説がある。「イタドリ」の名は「痛み取り」からきているわけである。

【大小便の我慢、痛みや痒みに耐える、不動、無言】

苦行（九業）の一部。私が最もつらかったのは大小便の我慢だった。

【雲煙気伝《うんえんきでん》の学習】

自然界の気を察したり、卜占や呪術を学んだりすることで、その秘伝書も多く残っている。雲煙気伝には太占《ふとまに》（日本伝来の占い方）も入っており、忍者の世界では真実だとされた。現代科学からすればすべて迷信だが、二十一世紀の今でも、怪しげな宗教や占いに騙《だま》される人は多い。昔はなおさらのことで、雲煙気伝を学んでおけば自分自身は騙されずにすみ、敵を陥れるときには有効に活用できると考えられていた。

呪術は信仰の一つで、第一章で述べた九字護身法や神伝矢車之法も含まれる。

また、「芥子《けし》の秘法」というのもある。芥子は阿片《あへん》やモルヒネの原料で、大麻と同様に、昔は神道や真言密教の呪術に使われた。燃やしてその煙を吸うと神と一体化する気分になれるため、いわゆる「神がかる」状態になるときに使われたのではないかという説が濃厚だ。その煙を敵に吸わせて神経を麻痺《まひ》させ、敵の陣地や城に忍び込むこともあったとされる。

呪術には呪いの人形のようなものもある。便所の踏み板や前隠しの板で人形を作り、これから自分が行なう忍び働きの心の支えにする「引光流《いんこう》」という忍術があり、秘伝書に残っている。便所の踏み板や前隠しは世の中の逆にあるもので、前述の道廼明理で示した暗黒の神（光を表す天照《あまてらす》と対極にいる黒い神、オオマガツヒノオオカミ、マガツヒノカミなどともいう）とつながる。それで人形を作れば敵を倒せるという考え方で、もとは飯綱信仰などから生まれた呪術だろう。

秘伝書によれば、藁《わら》人形による呪詛《じゅそ》も行なわれていた。藁人形を五寸釘で木に打ち付けるときは人に見られたらいけないが、じつは、それだけでは効果がない。呪いをかけていることを、相手に知らせないといけないのだ。

知らせれば、相手はちょっとした怪我をしても「あいつが呪っているからだ」と考える。

身の回りに起こる不幸や災難も「すべて呪詛のせいだ」と恐怖に苛まれ、精神的に追い詰められていく。そうやって相手に暗示をかけるのも謀略の一つだ。実際、岡山藩や彦根藩の上泉《かみいずみ》流軍法や小笠原《おがさわら》流兵法では、何十年もかけて呪術を勉強し、膨大な知識を蓄えていたから、なんらかの心理的効果はあったのではないかと思う。

昔は、呪詛を行なっていることが相手に知られて殺されることもよくあった。自分が呪詛されていると知れば効果が出てしまうと、人々が経験的に知っていたからだろう。逆に、それを利用して政敵を讒訴《ざんそ》することもあった。偽の呪詛人形をわざと見つかるようにして、「あいつがやったのだ」と言いふらせば、自ら手を下さなくても敵は死んでくれるからだ。

今でも、こうした呪術を信じてしまう非科学的なところが多少は残っている。たとえば、針や画鋲《がびょう》で両目を突かれた自分の写真が送られてきたら、誰でもゾッとするはずだ。人間の心は弱いから、呪術というのはまんざら否定すべきものでもないと思う。

少年期の修行

児童期の修行を継続しながら、さらに高度の内容を伝書の内容に準じて学んだ。私は小学校高学年～中学時代がこの時期で、「相当にきつくなってきたな」と感じた。石田先生が村にいるときはほとんど毎日教わり、練習時間は年齢とともに増えていったが、目立つといけないので、ときどき近所の子とも遊んだりはしていた。

【悪食の鍛錬】

苦行（九業）の一つ。縁の下に何日も潜んでいなければならないとき、土は腹の足しになるとされる。だが、どんな土が危険なのかは食べてみなければわからないので、修行のときに食べてみろ、という意味合いの鍛錬だ。私も躊躇《ちゅうちょ》なく土や動植物を食べた。赤土は雑菌があまりいないので比較的いいように思ったが、江戸時代に出版された救荒食物（凶作のとき食用にできる植物など）を紹介する本には、「土を食べると下痢をして体を壊す」と書かれていた。

【五感の向上や軽身《かるみ》などの鍛錬】

五感の向上は、対象となるものに集中し、全身で感じ取ることが肝要だ。

・視力の鍛錬…遠いところと近いところを交互に見る（首を動かさず目で対象を追う）。障子の桟を目で追う。真ん中に穴の開いたコインをクルクル回して穴を見たり、穴に棒を刺す。星や月を見る。最後は太陽を見るのだが、皆さんは絶対にやってはいけない。

・聴力の鍛錬…針の音聞き（砥石《といし》の上に針を数本落として、その落下音を聴き取り、少し離れた場所で落下本数を数える）。騒音のなかで特定の一人が喋《しゃべ》っている言葉を聴き取る。

体のさらなる鍛錬も必要だ。石田先生は高齢にもかかわらず、歩法、跳躍法など、どんな技でも実演して見せてくれた。驚くほど身が軽く、歩く速さは想像を絶するほどだった。

・軽身…水を入れた樽《たる》の縁の上を転身しながら自在に移動する。上達するにつれて樽の中の水を減らしていく。樽を横にして上に乗り、樽を回転させながら落ちないように移動する。

・四足の習い（禽獣《きんじゅう》虫魚の習い）…動物（鳥、獣、虫、魚）の動きや習性を学ぶことが大事と教えられた。たとえば、猫が肉球で音もなく歩くように、つま先立ちで歩いて音を消すことなどだ。特に夜侵入するときには、深草兎歩（体を丸め、足を手の甲に載せて歩く方法）や亀歩《かめあるき》を使う。

・深草兎歩…右手の平を地面に付け甲の上に右足を乗せ、次に同様に左足を左手の甲に乗せ、これを順々に交互に行ない移動する。暗闇で危険の多い場所を進むとき、足で探るのは危険なので、まず手で探り安全を確保するための歩法だ。草のなかに身を潜める兎のように体の位置が低くなるので、上から斬り込まれても当たりにくい。
・亀歩…地面に這《は》いつくばって匍匐《ほふく》前進のように動く。腕は肘《ひじ》から手首を使う。普通の匍匐前進では足を伸ばすが、亀歩では足も縮める。亀はうしろにさがれないが、亀歩は多少後退できる。敵が近付いてきたら、亀と同じように手足を引っ込め、頭を隠してうずくまったまま身動きしない。すると敵は、石かなにかだと思って跳び越していくので気付かれずにすむ。人間は、動かないものを物体として判断してしまう習性があるらしく、急に足元に丸っこい物を見つけると、跳び越して避けようとするという。危険回避の本能なのだろう。その本能を利用するわけである。
ちなみに、私の流儀では深草兎歩を深草《ふかくさの》少将《しょうしょう》の伝説にかけて「少将の秘伝」と呼ぶ。小野小町《おののこまち》に恋した深草少将は、「百夜通えば思いを遂げさせましょう」と言われ、伏見《ふしみ》から山科《やましな》の小町のもとへ通い詰めたが、九十九夜目に雪に降り込められて死んでしまったという。深草兎歩は身を伏せた姿勢での歩法なので、「伏見」と「伏し身」をかけているわけだ。
・高所からの飛び降り…早い時期から始めて高さを上げていくが、「高さ何メートルまでやれ」と先生に言われたことはなかった。怪我を防ぐために躊躇せず飛び降り、着地では地面を転がり着地点を増やして衝撃を吸収するか、両手両足をついて着地の衝撃を分散させる。現代のスタントマンもやっていることだ。これを「飛鳥《ひちょう》の伝」という。

【足や手の部分鍛錬】

徒手での戦いや、侵入のとき指の力で塀や壁をフリークライミングのようによじ登るために、手指足指を鍛える。

・虎之爪…砂を入れた器に手指を突き込み、ぎゅっと砂を摑《つか》む。慣れてきたら砂利に換えて同様のことを行なう。私は砂利での練習を中学のときからやった。非常な痛みを伴い、二日目は指にちょっと触れるだけで飛び上がったが、慣れないと練習のたびに痛むので、どんなに痛くても毎日続けないといけない。最初のうちは爪の甘皮が剝《は》がれて何重にもなり、ついには爪が割れてしまった。ほかに、指先での逆立ち、指で木にぶら下がることもした。

・骨固め…最初は素手で、のちには重りを入れた竹や棍棒《こんぼう》、鉄棒で、全身をくまなく打つ。男性の急所は素手で打つ。道具が体に当たったときに止息の呼吸法を行なう。打たれても怯《ひる》まぬ強靭《きょうじん》な体をつくり、心気体の一致を図るための鍛錬だ。たとえば、睾《こう》丸《がん》は常に外に出ているが、トレーニングにより腹部に引っ込めることができるようになるので、蹴られても多少は大丈夫だ。同様の訓練は空手の流儀の一部にもある。

・筋骨の強化…山桜の樹皮を煎《せん》じた汁や、酢に鉄釘を入れた液（釘が錆《さ》びて臭《くさ》い液ができる）で手足を洗うと筋骨が強くなるとされているので、練習後、その液に手を浸してマッサージをした。実際には、消炎効果を期待したものではないかと思う。

【火薬や薬の採取、調合など】

江戸時代の火薬は、木炭、硫黄、硝石を混ぜた黒色火薬だった。起爆剤となる雷汞《らいこう》（雷酸水銀）が日本に入ってきたのは幕末だから、それ以前の爆薬は一瞬にして爆発しないが、音が凄《すご》くて光と煙が出る。原料の一つの硝石は、便所の土から作った。便所にはアンモニアがあるから、バクテリア反応して硝酸カリウムができる。それが浸透している便所の土を濾すと、結晶のようなものが出てくる。これが硝石で、舐めてみると舌がキッとなるような辛さをちょっと感じる。そうやって硝石の存在を舌で確かめたら、その土を煮詰めていく。

私が子供の頃は黒色火薬の規制が緩く、竹筒に入れて火をつけ川に放り投げ、鮎《あゆ》を獲《と》って遊んだものだ。そんな時代だから爆薬作りの練習ができたわけで、今は法に触れてしまう。

火薬の配合を書いた伝書は『伊賀者火術秘書』や『伊賀忍火之巻』などたくさん残っているが、自分でやってみないとわからないことが多い。一、二の手法を覚えると、「今日は湿気があるから硝石を多めに混ぜよう」といったことがわかってくる。そうでないと失敗してしまう。これを「自見火」といい、「必ず自ら火を見て試さないといけない」と教えられた。

松明《たいまつ》は、雨でも消えないように松脂《まつやに》を混ぜたり、敵中に投げ込み涙やくしゃみを出させるためにタンバンという毒を入れたりと、用途によりいろいろ工夫をする。タンバンは忍術書には「皆死ぬ」と書いてあるが、実際には弱い毒で、即死するような成分ではない。

毒薬作りでは、梅や桃の種や皮から青酸を抽出し、青酸ガスを作ることもあった。青酸ガスは、座にいる者を皆枯らす（殺す）ほどの毒があるので、「座枯《ざが》らし」という。水銀は毒性が非常に強く、毒薬の極秘伝書に入っている。酢と水銀を反応させる「酢水銀《すみずがね》」というものもある。

【奇法妙術の習得】

霊術・方術、手品や催眠術、今のスプーン曲げのように鉄の棒を小指で曲げる、針の上を歩く、腹に大きな石を載せて割る、などを総称して「奇法妙術」という。『伊賀流間法《いがりゅうかんぽう》帯礎《たいそ》』という秘伝書には、「奇術」という名で入っている。大道芸人は警戒されないので、忍者は奇法妙術を大勢の人前でやって興味を惹き、それで人心を誘導した。

【家屋侵入・破壊、調略の手法など】

高度な侵入技術や、いわゆるゲリラ戦の具体的な手法や知識を学んだ。これは「夜討《ようち》」「朝駆《あさがけ》」の手法でもある。実際にやったら大変なことになるので、小さな爆薬を爆発させて目的とする建物を吹き飛ばすには火薬がどれだけ必要か割り出したり、天候や星の位置と関連付けながら風が強い日を選んだり、建物のどこに火を付ければ最も効果があるかを探ったりした。

調略は、人を策略にかけ自分の思う方向に誘導する心理戦だ。いろいろな経験を積んで大人にならないと修得は困難だが、少年期から「騙しの基本」を知っておけば役に立つ。たとえば、葬式や法事のあった夜は侵入しやすい（逆に言えば、自分がそういうときは用心が必要）、整ったいびきをしていたら嘘寝、といったことを教わった。

青年期の修行

高等専門学校の学生になった頃から、忍者独特の宗教「道廼明理」についても学んだ。
また、石田先生から「体重は六〇キロを超えないように」と教えられた。体重が増えると動きが遅くなるし、必要以上に体が大きくなると、高所から飛び降りたときのダメージも大きくなるからだ。確かに、肥満した忍者というのは忍者っぽくない。

忍者の世界では、ハト麦を摂《と》ると筋肉が締まり、忍びの活動に益があると言われる。ハト麦は蛋白質《たんぱくしつ》、カルシウム、鉄分、ビタミンB群など栄養が豊富で、昔から滋養強壮に効果があるとされた。最近では美容効果を期待して食す人もいる。ハト麦の皮を除いた種子はヨクイニンといい、生薬の一つで、水イボなどウイルス性のイボの治療に効果が期待されている。

断食や断水などの耐え忍ぶ鍛錬も厳しさを増し、断食は約一ヵ月、断水は七十二時間ぐらいやった。一ヵ月断食すると体重が約一〇キロ減り、足まで痩せて靴がブカブカになる。社会人になってからも断食・断水は何度もやり、祖母は死ぬ間際まで私の体を心配していた。

術技では、過酷複雑な状況での対応など、さらに高度なことを学び、特に諜報・謀略関係の手法や知識が増えた。たとえば、敵のなかに自分の仲間をつくるために不平不満分子を探し出し、自分の手足として働かせるようにするなど、人間心理に付け入る方法だ。

旧日本陸軍が軍事諜報員を養成した陸軍中野学校では、どこかに忍び込んで「爆薬」と書いた紙を貼ってこさせる訓練があったらしい。私もそうした類の課題を石田先生から与えられ、それまでに習得した術技に自らの創意工夫を加え、クリアしていった。

忍者の世界では「一器万用」が大事とされる。一つの技や道具をよろずに用いることで、「そのために日頃から本を読み、いろいろなことを学べ」と言われる。忍者というのは、「なんでも屋」の部分も持つスペシャリストなのである。

武術の習得

武術は侍のたしなみであり、自分の身を護《まも》るために不可欠だ。昔は侍の職として忍者があり、忍術があったわけだから、当然、小さい頃から稽古をした。

剣術、棒術、柔術、拳法《けんぽう》、薙刀《なぎなた》、鎖鎌、手裏剣、吹き針、十手などなど、馬術と大弓術以外はほとんど全部やった。石田先生は、武術については甲賀地域に伝わる秘伝書に基づき、手取り足取り私の相手をしながら教えてくれた。

棒術で使う棒は、樹木の枝のように芯《しん》が通っているものだと、強くてなかなか折れない。私は、家の畑の桑の木の枝を折り取って使い、親によく叱られていた。

手裏剣術は武術の一つで、相手を怯ませて逃げるときなどに役立つ。第一章で述べたように、手裏剣そのもので相手を倒すのは難しいが、そのあたりにある石など有り合わせのものを打ち付けるとき、手裏剣の練習をしておけば実用として役立つ。

特異な武器では、植木屋さんが使う剪定鋏《せんていばさみ》の使い方も習った。武術の世界では「卍刀《まんじとう》」といい、クルクル回して敵の接近を防いだり、敵の体を刃先で突いたり、手足や首を切り落とす武器として用いた。

剪定鋏も刀も、自分の家から持ってきた。当時、私の村では、そういう武器がたいていの家にあった。今でも刀はない家の方が少ない。戦時中の金属供出の際、正直に全部出した家もあるが、たいていの家では何振かある刀のうち一部しか出さず、残りは隠しておいたのだろう。刀は葬式のときに遺体の上に載せるので、そのときのためにも必要だったのである。

私の家にも、祖母が油紙で包み倉の床下に埋めて隠したという刀や脇差があったので、それを持ち出して稽古に使った。大人たちは日々の暮らしが大変で、今のように子供たちに構っていられなかったから、持ち出しても気付かれることはなかった。

このように刀は身近なものであり、映画も時代劇ばかりだったから、そのイメージで真剣を使う稽古にもすんなり入ることができた。遊びでもチャンバラごっこばかりしていたから、剣術の稽古につらさは感じず、むしろ遊びの延長のように楽しみながら稽古をしていた。

柔道や剣道を一つ習うだけでも大変なのに、こんなにたくさんの武術ができるようになるのかと、今の人は思うだろう。しかし、昔の武術は総合武術で、共通の理屈のなかに成り立っていたから、いくつかの武術の型を習得すれば、他の武術も比較的容易に会得できるようになるのだ。たとえば、棒術を学ぶと長柄操法ができるようになるので、薙刀もなんとかこなせるようになる。武器の基本的な使い方を覚え、型に則《のっと》れば、武術は意外とやりやすい。

ただ、型を少しでも崩したらいけないし、自分で勝手に手順を変えてもいけない。教わったとおりにやらないと、石田先生から「それはお前の流儀だ」と怒られた。今も私は弟子に教えるとき、「絶対に手順を変えてはいけない」と言っている。

武術にはそういう厳格さはあるが、身体的な苦痛は木刀が当たって痛い、息が上がって苦しいといった単純なつらさだ。その点、忍びの術は型に則るものがなく、苦行（九業）のように生理作用に反する苦痛に耐えなければならないので、肉体的にも精神的にも大変である。

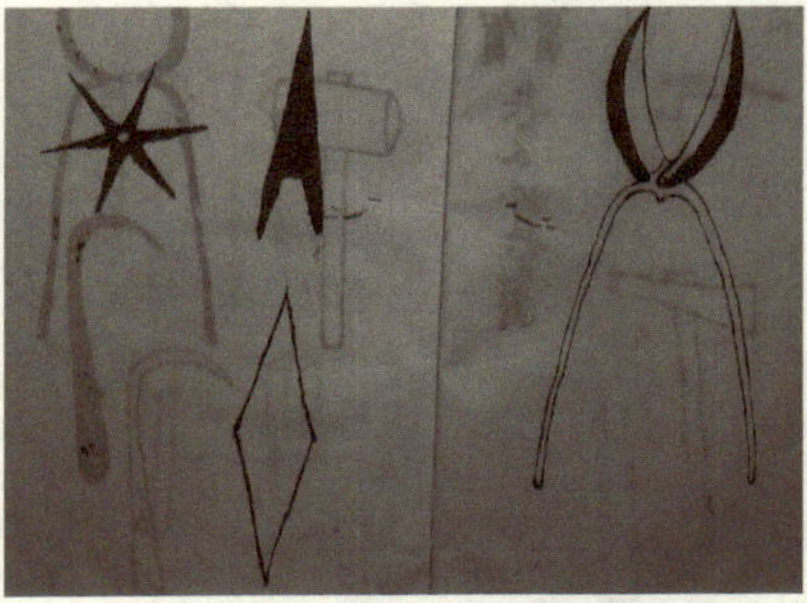

忍者の武器（『伊賀甲賀兵家秘具』）

究極の生存術、忍定行式

これまで述べてきた修行も含めて、忍術の修行は「観念行式（日想観、神遊観、息吹、護身など）」「金剛行式（悪食、打人、骨固、脱関など）」「水火《すいか》行式（水中・火煙中での隠形、遁身《とんしん》など）」「土木行式（土中・樹上・地上などでの行動）」「飛猿《ひえん》行式（天狗昇、飛切、縮地、柔体など）」「氷置《ひおき》行式（部分的冷却、不動などの行）」「氷室《ひむろ》行式（氷中・闇中などでの行、闇夜の習い)」「断食行式(絶食、断塩、断火など)」「忍定《にんじょう》行式(自己による仮死、昇天など)」という九つの行式に分かれる。

丹波村雲流の秘伝書には、こうした修行で心身を鍛えていくと、逆立ちして何十間も歩くことができ、七回性交したあとでも踊れるくらい心身が頑強になる、と書かれている。そうして行きつくところが忍定だ。絶体絶命のときの、死んだふりである。

忍定の方法は二つある。一つは、自分で自分に当て身を入れて当て落とすこと。もう一つは、刀を突き刺して腹を斬ることだ。

腹を斬る場合、動脈を切断すると死んでしまうので、そこを避けて、腹の表層をなるべく派手に血が出るように斬る。内臓が飛び出ることもあるらしいが、腹の動脈さえ切らなければ即死はしない。見た人は、もう死んだと思い込むので、そのまま捨て置かれる。こうして「いったん死ぬ」わけだ。あとは息を吹き返すことを天に任せ、誰かに助けられるのを待つ。運がなければそのまま死んでしまう。丹波の忍術のなかにある、いかにも忍びの者的な、一か八かの究極のサバイバル術で、江戸期に大成されたものだ。

忍定を実行した忍者がいたかは別問題として、生き残るためにそこまで考えていたから凄い。死んだら自分の役目を果たせない、生還しなければ意味がないというのが忍者の基本だから、侍が切腹の仕方を子供の頃から習うのと同様、心得として覚えておいたのであろう。

当たり前だが、私は腹を斬ったことはない。だが、首吊《くびつ》りの練習はしたことがある。首吊りによる死で大きな要因となるのは、まず頸動脈《けいどうみゃく》が圧迫されて脳に血液が行かなくなることだ。そうすると意識が朦朧《もうろう》として、自分で縄を外せなくなって死んでしまう。

この理屈を知っていれば、首吊りの練習をしても死ぬことはない。柔術でも、流儀によっては練習することがある。その流儀は天神真楊流《てんじんしんようりゅう》といい、昔は私の村でもさかんだった。この天神真楊流の門人のなかに首吊りの練習が得意な人がいて、私の父も見たという。

「その人の首に縄を掛け、二人の仲間が駕籠《かご》を担ぐようにその縄を引っ張って持ち上げたが、なんともなかった」と、父は言っていた。頸動脈を圧迫しない特別のやり方だったのだろう。

その話を聞き、「わしにもできるやろ」と思ってやってみたら、できた。十二、三歳頃のことである。私の場合は、肩の関節を外して試みた。関節を外すと、肩の筋肉が首側にきて、頸動脈をカバーしてくれるからだ。自分でも「しょうもないことをしていた」と思っている。絶対に真似をしないでいただきたい。

秘伝書のウソ

忍術の秘伝書には、書いた人が実際にやっていないことまで書かれている。忍術修行を長年続けるうちに、秘伝書や伝承には嘘も多いことが私にはわかってきた。

たとえば、『正忍記』には「人が普段通るところはしょっぱい」と書かれている。私も石田先生にそう教えられて道の土を舐めてみたが、ぜんぜんしょっぱくなかった。昔の道は人や牛馬が小便をしたし、板の間を裸足《はだし》で歩けば汗が付くから、塩分類が多かった可能性はあるが、舐めて顕著にわかるかどうかは疑問で、『正忍記』の教えは机上論のように思う。

高所に飛び上がるとき、棒高跳びのように刀の鞘《さや》を地面に突き、その反動を利用すると軽々と飛び上がれると書かれた秘伝書もあるが、実際にやってみると、そうはならなかった。そもそも、跳躍のとき刀を持つのは非常に危険だ。バランスが取れないし、「どこかに引っかからないか」と思うと怖くて思い切り跳べなくなる。

また、「高所から飛び降りる際、羽織や風呂敷《ふろしき》を広げて身に覆い被《かぶ》せると、少しでも空気抵抗を増やすことができる」と石田先生から言われた。これを「地降傘《じおりがさ》」という。いわば落下傘のようなものだ。稲城《いなぎ》（収穫した稲を乾燥させるために竹の棒に掛けて高く積んだもの）のてっぺんからそうやって飛び降りてみたが、バランスが非常に悪くなり、着地のとき受け身もとれないので、かえって危険だった。普通に勢いよく飛び降りる方がよほど安全だ。

潜水道具（『諸事法術之巻』）

忍者は自分の体だけでなく、さまざまな陰具（忍具）も使った。陰具には潜水具が何種類かあり、秘伝書にも出てくる。たとえば、なかを刳《く》り抜いて空洞にした竹筒や刀の鞘を咥《くわ》えて水中に入ると、長く潜れると書いてある。

子供のとき風呂のなかでやってみたが、できなかった。川ならできるかと思ってやったら、竹筒に水が流れ込んできて溺《おぼ》れ、あやうく死ぬところだった。

「それは鍛錬が不足しているからだ」と言う人もいるが、どんなに鍛錬しようが、秘伝書に描かれているような細い管では空気が入ってこない。かなり太くて短い管なら、慣れてくると多少はできるようになるが、そこにいることが相手に知れてしまうし、水深が浅くないと気圧の関係から息が続かない。

普通、川や池のなかに隠れるときは、「水草を頭に載せて潜り、鼻だけ出していろ」と教えられる。これを「狐隠れ」という。狐は体臭が強いので、臭いを消すため水中に逃げる習性があるらしく、そこから付いた名だ。私の経験では、竹筒より狐隠れの方が断然効果的だ。

ほかにも潜水具はいろいろと工夫されており、なめし革で作るシュノーケルのようなものも秘伝書に出てくる。実用化されたかどうかは別にして、これなら効果があるかもしれない。

もう一つは「亀のばん」で、『間林精要《かんりんせいよう》』という『万川集海』の種本とされる秘伝書や、他の伝書にも出てくる。亀の形をした潜水具で、ギヤマン（ガラス）で作ると書かれており、これを着て水中に潜れば、なかにある空気で呼吸できるという。

机上の理論ではそうだろうが、なかの空気量は微々たるもので、かえって危険だと思われる。それよりも、息を吸って長く止めている普通の潜水方法の方が、よほど実用的だ。

水の上を自在に移動する水器では、「水蜘蛛《みずぐも》」が有名だ。桐の板を何枚かつないだ直径六〇センチほどの円形の道具で、「水蜘蛛」という名から足に履いて水上を歩くかのように思われているが、『万川集海』に書かれているのは寸法と材質だけで、絵には鼻緒が描かれていない。足に履くのなら、鼻緒がなければおかしい。ボートのように漕ぐ、浮輪のように使うなどの説もあるが、明確な使用法はよくわかっていないのである。

江戸時代中期以降に書かれた秘伝書には、このように信用できない部分や不明な所が多々ある。「こういうことができたらいいな」という願望や、「忍術はこうあるべきだ」という理想論で書かれたからだろう。それを「一子相伝、他言無用」で秘密にし、誰かが検証して「できない」と言うと、「修行不足だ」と決めつける。そういうものも多いのだ。

その点、江戸時代前期に編まれた『軍法侍用集』には、荒唐無稽なものはなにもなく、夜討や松明など単純なものしか書かれていない。

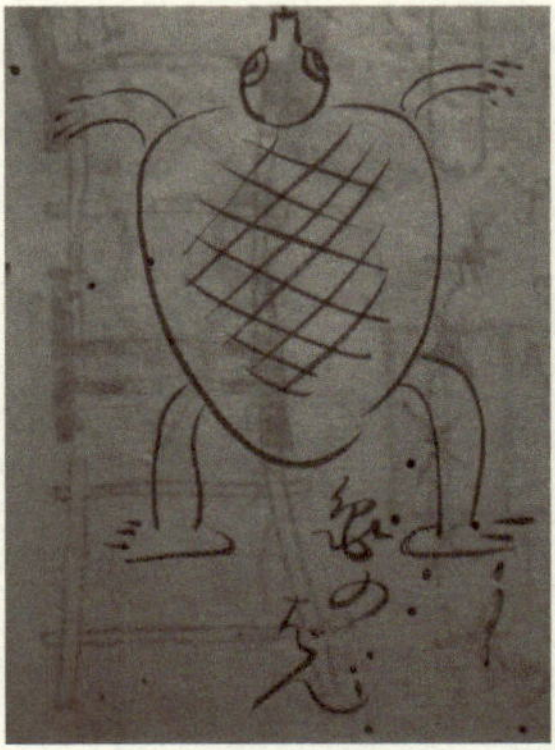
亀のばん（『間林精要』）

それが本当の忍術だと私は思う。

そこにさまざまな机上論が入り込み、中国の兵法書の引用も加えて格調高く創作されたのが江戸中期以降の秘伝書であり、『万川集海』はその最高傑作と言える。

忍者の食生活

「動物の肉はなるべく摂るな。肉食すると血が濁り、感覚が鈍る」

と、私は石田先生から教えられた。要するに菜食の勧めだ。

もともと私の食生活は菜食中心だった。子供の頃は貧しくて肉は年に一、二度しか口に入らなかったし、魚もほとんど食べなかった。高等専門学校時代には私淑していた教官からも「菜食は良い」と言われ、長い間、肉や魚を自分から進んで食べることはなかった。結婚後は、妻が肉料理を出すと「忍」の精神で食べていたが、最近では妻も私の影響を受けて菜食系に変わり、もとの食生活に戻りつつある。

忍者が菜食主義だったかどうかは微妙だ。昔は食糧事情が悪く、食生活は宗教とも絡むので、基本的に肉食はタブー視されていた。宗教者である山伏は当然肉食を避けたから、山伏の影響を受けている忍者も動物の肉は食べなかった、とも考えられる。ただ、山に入れば猪や兎や狸がいくらでもいる。江戸時代には「薬食い」と称して、滋養強壮のために肉を食べる武士や町人もいた。そこから推察すると、忍者の食生活は菜食がベースで、病気や怪我のときだけ肉食をしていた可能性がある。

「侍の活力源は飯と塩と味噌《みそ》だ。味噌は『身の礎《みそ》』で、飯と味噌さえあれば戦える」

とも、石田先生は言っていた。そう言われてみれば、味噌で有名な三河《みかわ》や信州や仙台《せんだい》は戦国の雄を輩出した地だ。徳川家康が焼き味噌をよく食べていたという話も、理にかなっているように思える。

味噌は、忍者の携帯食「兵糧丸《ひょうろうがん》」にも使われることがあった。兵糧丸の材料は、地域や兵法の流儀によってさまざまだが、朝鮮人参や蓮肉《れんにく》（蓮《はす》の実の乾物）などの生薬、蛋白源となる干し鮑《あわび》や干し鮭や鰹節《かつおぶし》、体を動かすエネルギー源となる蕎麦《そば》粉や糯米《もちごめ》など、栄養のありそうなものが使われた。三重大学の研究では、兵糧丸はカロリー摂取のほかに、漢方成分による疲労回復や精神安定などの効果が期待されるという。

日常生活では兵糧丸だけでは健康体を維持できないが、非常時には兵糧丸だけでも体はけっこうもつ。戦時中、旧日本陸軍では、忍術書や中国の文献も含めた兵法書から兵糧丸を取り上げ、戦地の携帯食としてかなり研究していたのである。

ほかに、忍者の携帯食としては、梅干の果肉を使って軽い喉《のど》の渇きを抑える「水渇丸《すいかつがん》」も作られた。梅干の成分が唾液の分泌を促進するからだ。江戸時代前期に成立した『雑兵《ぞうひょう》物語』には、合戦で息が切れたら、打飼袋《うちがいぶくろ》（首から下げた食料袋）から梅干を取り出してちょっと見ろ、舐めずとも見るだけで唾《つば》が出てくる、という趣旨のことが書かれている。

身分の低い兵隊（雑兵）は、そうやって喉の渇きを抑えたのだろう。唾液がよく出ると口臭が抑えられるようで、歯科医の研究によると、水渇丸には口臭予防の効果も期待されるそうである。

免許皆伝

忍びの修行をしていることを、私は長い間隠していたが、親から何度か、「茅葺《かやぶき》屋根に釘みたいなものがいっぱい刺さっとる。いったいなにをしているんだ」と、きかれたことがある。私は茅葺屋根めがけて尖《とが》ったものを投げる練習をしていたのだが、「知らん」と、とぼけた。親もそれ以上は追及しなかったが、薄々なにかに感づいていたようだ。

中学の頃には、学校にも忍術修行をしていることが知れてしまった。成長途上の手で樹木や石などを激しく叩く修行をしていたため、手が真っ白になっていたからだ。それが担任の先生に見つかり、「その手はなんや」と言われた。クラスメイトも、私がなにか妙なことを練習していることは知っていて、映画『忍びの者』がヒットしていたこともあり、「あいつ、忍者だ」「へたに絡むと毒を盛られるぞ」などと思われていたようだ。

忍者関係の古文書に興味を持ち始めたのは、その頃だ。映画の影響で忍者ブームになり、日本刀の愛好家だった父が定期購読していた歴史雑誌が忍者特集を組んだ。そのなかに忍術の秘伝書が出ているのを見て、「これならわしも持っとる」と、俄然《がぜん》、古文書に興味がわき、修行と並行しながらいろいろと史料を調べるようになった。自分がやっている修行のことをもっと知りたいという気持ちに加えて、皆が注目している伊賀者や甲賀者の流れを自分は汲《く》んでいるのだ、という自負心もあった。

こうして私は、忍者に関する知識を増やし、石田先生との訓練でさまざまな忍びの術技を体得していった。その結果、石垣を難なくよじ登ることも、天井にぶら下がることもできるようになっていった。

そして、十九歳になる前に、いわゆる「免許皆伝」のようなもので、石田先生から甲賀流忍術の伴党忍之伝を継いだのである。

武術に関しては免許皆伝の書巻を頂いたが、忍術に関しては特別な儀式はなく、相承の忍術伝書や陰具、伝来の由緒書・家系図などを全て受け継いだ。忍術は本来家々に伝わるものなので、免許状を渡すという考え方は基本的にない。江戸時代には、流儀によっては門弟を取って教える場合に目録のようなものを渡していた例もあるが、甲賀の忍術は基本的に家として代々継いでいくので、ほとんどは門弟を取って教えることはなかったようである。

つらい修行をなぜ十数年間も続けたのか、私自身にもよくわからない。誰に強制されたわけでもないので、嫌ならいつでもやめられる、と考えていたのかもしれない。私には小さい頃から、「人のやっていないことをやりたい」という思いがあった。忍びの修行は、そんな思いを満足させてくれるものだったのかもしれない。

師との別れ

「免許皆伝」から数ヵ月後、私は石田先生と久しぶりに会い、近況を報告した。

当時、私は学校で武術クラブを立ち上げて仲間に教えていたので、話題はもっぱら武術のことで、忍術のことはあまり話さなかった。先生は、武術の稽古をしていたときと同様、

「型を崩してはいかんぞ」

と、何度も私に言った。とても元気そうで、百まで生きるのではないかと思うほどだった。

しかし、これが私たちの最後の交流となってしまったのだ。

それから数年後、人づてに、石田先生が京都の自宅で亡くなったことを知ったのである。

亡くなったとき、先生は八十代半ば。孤独死だった。

今でも、石田先生と過ごした修行の日々が昨日のことのように思い出される。

先生は、普段はニコニコしているが、修行のときは一変して冷徹だった。術技の見本を一度私に見せると、すぐ「やれ」と言う。何度も見本を見せてくれることは滅多になかった。鍛錬のときに子供相手の優しい顔をしていたら、私の気が緩み、怪我をすると考えていたのだ。今ではそれがよくわかるが、幼い私は、いきなり先生の顔つきや態度が変わるので二重人格者のように思え、尊敬というよりも畏怖《いふ》の念が強かった。

練習は一日最低二、三時間、場合によってはもっと長く半日以上になることも多々あった。家族が寝静まってから、家をそっと抜け出して修行をしたこともある。当時は懐中電灯もなく、真っ暗ななかを約束の場所へ歩いて行くと、先生が待っていてくれた。夜間の歩き方や忍び込み方は、夜にやらなければ身に付かない。「下から上を透かして見るときは、こういうふうにするんや」「夜はこうして歩くんや」と暗闇の中で教わると、とてもよく理解できた。

炎天下でも土砂降りでも、先生が村に来るときには必ず修行をした。若狭は、「弁当忘れても傘忘れるな」という言葉があるほど、よく雨が降る。泥んこになって家に帰ると怒られるので、素早く着替えてごまかさなければならず、雨の日の練習はいっそうつらく感じられた。

そんなときでも指導に容赦はなかった。高齢の先生は、「自分に残された時間は、そう多くない。無駄にするのはもったいない」と思っていたのかもしれない。

私たちの師弟関係は十数年で終わった。昔の忍者の家が子や孫に術技を伝えるのに要した年数も、おそらく、この程度だったろう。石田先生に学んだのは六歳から十九歳直前までで、忍術修行の年齢としてはちょうどよかったと思う。もっと早くに修行を始めていたら、型にはまり過ぎて今のようなことはできなかっただろうし、もっとあとに始めていたら、理屈ばかりの頭でっかちになり、術技の方はたいしたことができなかったと思う。

修行中、先生が褒めてくれることはほとんどなかった。頑張ったご褒美に飴玉《あめだま》一つくれたこともない。しかし私には、先生から受け継いだ多くの忍術史料と、頑強な身体、そして、忍の心がある。

石田正蔵先生は、他にはない素晴らしきものを、私にたくさん与えてくださったのである。

出会いは必然だったのか?

六歳で石田先生と出会って以来、私はずっと、この出会いが偶然のものだと信じていた。ところが近年、どうもそうではないらしいと思うようになった。根拠がいくつかあるのである。

一つは、京都の北野天満宮に掲げられている額（大型の絵馬）だ。

P95で述べたように、私の村では昔は天神真楊流という柔術がさかんだった。その名が示すように、もともと天神真楊流は北野天満宮と縁が深い。明治初期に、私の村の出身で天神真楊流の師範をしていた荻野《おぎの》元之進《げんのしん》柳道斎《りゅうどうさい》（柳清斎《りゅうせいさい》とも、川上家の遠縁にあたる）が、自分と門弟たちの名前をずらりと連ねた額を北野天満宮に奉納した。その額には、私が石田先生から継いだ武術の一つである神伝不動流武術の師範、鷺谷平三郎《さぎたにへいざぶろう》の名も書かれている。この荻野と鷺谷は同志であり、一緒に額を掲げたのだと思われる。

神伝不動流は、幕末期から明治にかけて京都や滋賀でかなりさかんに行なわれていた。石田先生は京都に住んでいたし、鷺谷は自分の伝系なのだから、北野天満宮の額の存在を絶対に知っていたはずだ。

さらに、これと同様の額が私の村の天神様にも掲げられているのだ。私が石田先生と出会っていた、あの天神様である。今では文字が磨滅してほとんど読めないが、私が子供の頃はきれいに読めた。石田先生とよく出会ったのは、まさにこの額の下だ。先生がそれを見ていないはずがない。

もう一つの根拠は、若狭国小浜《おばま》藩にも伴家があったことだ。私が石田先生から引き継いだ甲賀流忍術伴家の系図に、石田先生の筆跡で、「小浜藩　伴家」と書き込みがしてある。兵法書の『軍談』を著した伴所左衛門《ばんしょざえもん》家である。

石田先生が私の村にやってきたのは偶然ではなく、自分が継いでいた神伝不動流や小浜の伴家のことを調べるために来ていたのではないだろうか――。そう思うようになったのは、二、三年前に北野天満宮に掲げられた額を実際にこの目で見たときからだ。

掲額の話は私も以前から聞いていて、何度か探しに行った。掲げられた額は何十とあり、どうしても見つからなかったのだが、二、三年前に弟子達と訪問した際、別の額のうしろに重なって隠れていたのをようやく見つけた。

表からはまったく読めないので、神社の人にお願いして高い脚立を持ってきてもらい、カメラを挿し入れて写真を撮った。思ったより傷んでおらず、天神真楊流荻野柳道斎と神伝不動流鷺谷平三郎の名がはっきり読めた。私の手元に残っている神伝不動流の伝書により、鷲谷が明治初期の師範であることも確認できた。

さらにもう一つの関わりは、戦時中、私の父が石田先生同様、関東軍の特殊部隊にいたことだ。石田先生がいたという特務機関ではないが、父はハルピンやハイラルで敵の裏をかく作戦をいろいろと遂行したと言っていた。父は忍者とは縁もゆかりもないが、関東軍で従事していたことは、ある種、忍者的だ。

かつて甲賀五十三家の一つ伴家があった若狭国の村から、神伝不動流と同志の師範が出て、その遠縁にあたる男は、石田先生と同じ関東軍で忍者的な任務を遂行していた。その男の息子が私であることを石田先生は知っており、最初から私に目を付けて、偶然を装って近付いたのではないか――。そんな気もしてならない今日この頃である。

今となっては誰にも確かめようがないが、石田先生と私をつなぐ糸が、遠い昔から幾重にも撚《よ》り合わさっていたことは事実である。

第三章　忍者・忍術の歴史をたどる

忍術の起源

日本で忍術がどうして発生したのか、その基層については第一章で述べた。この章では、間諜《かんちょう》や密偵を含む広義の忍者と忍術が、どこで起こり、どのように形成されていったのか、忍びの歴史をたどっていく。

動物類であっても、生存していくためには、周囲や敵の様子を探ったり、騙《だま》しを仕掛けたりする。ましてや、人間が原始の時代から本能的に状況を察したり、欺瞞《ぎまん》の行動を起こしたりするのは当然である。

古今東西、いかなる人間も欲望や感情を持って生活しており、他より優位に立とうとする本性がある。これが、忍術の起こる根源的要素と言えよう。相手の弱点を探知し、時と場合により奇襲や攪乱《かくらん》を起こして自己を優位に導くことは、人間の普遍的な行動でもあり、忍術と言うほどのものではない。

忍びの起源については、朝鮮や中国、印度《インド》からの渡来説もある。確かに、忍術を構成するさまざまな要素のなかには、国外から伝来した部分的な知識や技能もある。しかし、だからといって忍術そのものが国外から伝えられたとするのは、穿鑿《せんさく》のしすぎであろう。

また、古代の伊賀や甲賀には帰化人の定住者が多かったため忍術が起こったかのような説もあるが、これも短絡的にすぎるだろう。

忍術は、生存のための総合的な生活術であり、渡来人や帰化人のもたらした兵法やさまざまな技術、知識なども吸収しながら、日本独自の風土や心性、文化のなかで培われていった。単なる武術や戦略だけでなく、生存のための知識や実践の技術が鍛錬により一体化し、職能として体系化された古典的軍用技術が忍術なのである。

神代伝承に見る忍びの萌芽

甲賀、伊賀の忍術伝書には、忍術が日本固有のものとして発生したとする起源伝承がある。それらを幾つか紹介しよう。いずれも江戸時代の伝書に記されたもので、情況を探ることや形を隠すことを忍術の起源と解釈している。ただ、忍術の起源を『古事記』や『日本書紀』などの神話の故事に関連付けた荒唐無稽《こうとうむけい》な論であり、忍術が太古より伝承されたという根拠にはならない。書いた当事者も、信じていたかどうかは疑問である。

尾張藩に仕えた甲賀山伏出身の木村奥之助久康による伝書『甲賀忍之伝加條之巻《こうかしのびのでんかじょうのまき》』では『日本書紀』の「神代下《かみのよのしものまき》」を引き、高皇産霊尊《たかみむすひのみこと》が長らく連絡の途絶えた相手の様子を無名雉《ななしきじ》（神が派遣した雉《きじ》）に探らせたことが、甲賀忍術の起源であるとし、次のように述べている。

「我ガ忍ハ神代ニ権興シ万々世ノ今日迄伝フル事、コレ其本源ハ神慮ニイワルノ軍術タルガユエナリ、異邦ノ術ノ如ク人間ノ作為ニ非ズ、可仰哉《あおぐべきかな》」

伊賀伝の忍術や小笠原流兵法を伝えた伊勢の隠士《いんし》、竹之下《たけのした》平学頼英《へいがくよりひで》の伝書『伊賀忍之伝《いがしのびのでん》目《もく》』では『日本書紀』の「神代上《かみのよのかみのまき》」より、素戔嗚尊《すさのおのみこと》が奇稲田姫《くしなだひめ》を櫛《くし》に変化させて自分の髷《まげ》に隠したことが伊賀忍術の起源であるとし、「神武《じんむ》天皇ノ軍術日本武尊《やまとたけるのみこと》ノ兵法、トモニミナ素戔嗚尊ノ神策ニ根拠シテ征伐ノ功ヲ立ラレ、素戔嗚尊忍ヒノ術ヲナシ始メラレ大蛇ヲヤスク亡シ玉フ、神謀万々歳兵法ノ由テ起ルトコロニシテ、神軍ノ大事ココニアリ」と述べている。

木村によれば、忍術は神代の昔より伝わり、本源は神の心による軍術で異国のように人間の作ったものではなく、竹之下によれば、素戔嗚尊の謀事《はかりごと》であるというのである。

一方、『伊賀問答忍術賀士誠《いがもんどうにんじゅつかざむらいのまこと》』という忍術書は『旧事紀《くじき》』を引用し、古代豪族・大伴《おおとも》氏（甲賀伴《ばん》一族の祖といわれる）の祖である道臣命《みちのおみのみこと》が、神武天皇が日本国を建てるために東征した際、天皇より密策を承り、諷歌倒語《そえうたさかしまごと》（歌や言葉に暗号を組み込む術）を使って妖気《ようき》

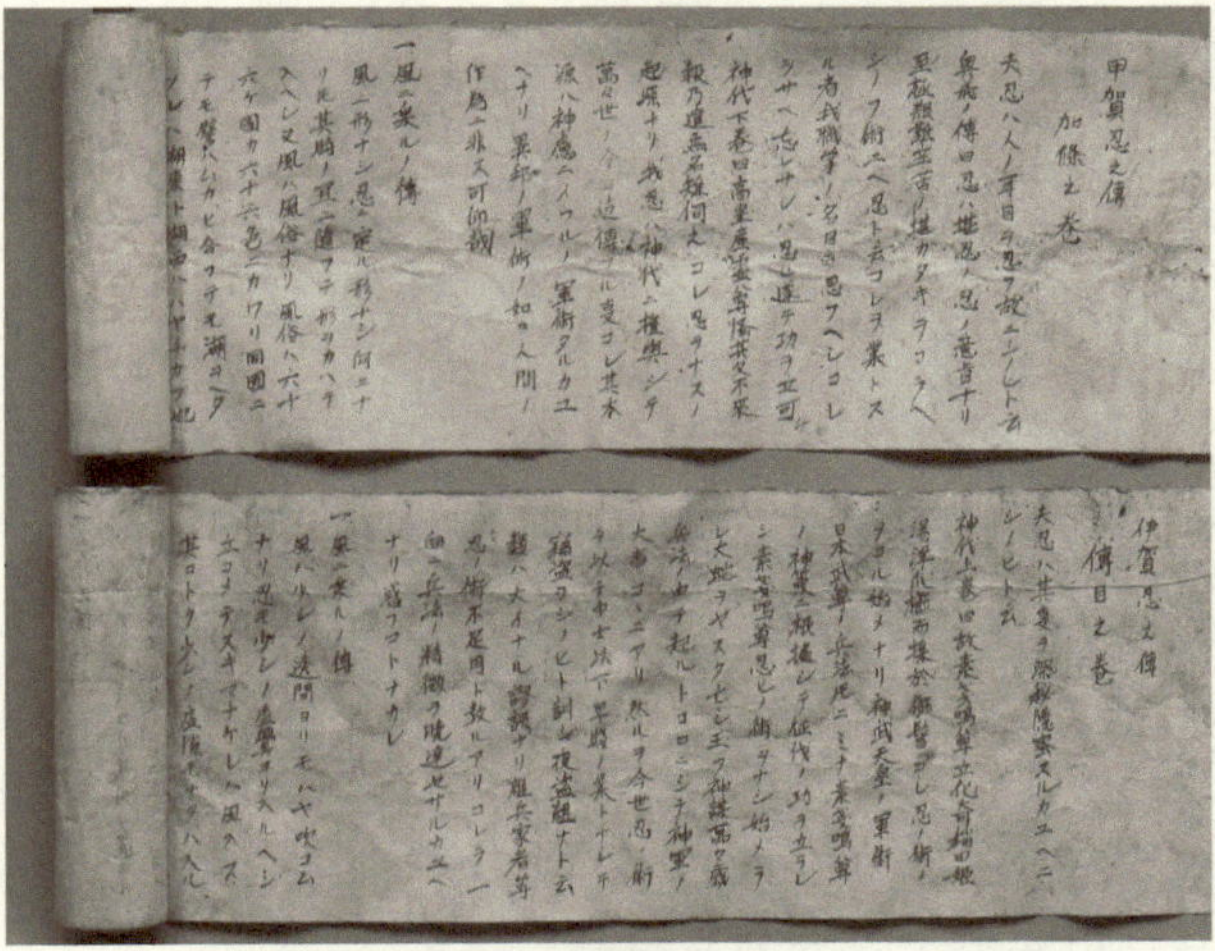
甲賀忍之傳 加條之巻
伊賀忍之傳 傳目之巻

上／『甲賀忍之伝　加條之巻』 下／『伊賀忍之伝　伝目之巻』

を平らげたことを忍術の根源としている（「密策ヲ承ケ奉リ能ク諷歌倒語ヲ以テ妖気ヲ掃蕩《そうとう》…中略…密策ヲ奉ルと申儀是を忍術之元根といたし……」）。

忍術書の原典に関する記述が興味深いのは、『武門必要兵家《ぶもんひつようへいか》樞機《すうき》神秘《しんぴ》忍術《にんじゅつ》』と『甲賀流忍術秘書』だ。

これらは、忍術が大己貴尊《おおなむちのみこと》（大国主命《おおくにぬしのみこと》の別名）や少彦名尊《すくなひこなのみこと》より伝来して、いつの時代かに筆記され、奈良朝には朝廷の書庫に秘蔵されていたとしている。また、忍術は古くは「蜘蛛《くも》縛り」「熊曾《くまそ》シメ」と称したとし、記紀伝説に登場する土蜘蛛や熊曾（いずれも大和政権に服従しなかったとされる辺境の民の蔑称《べっしょう》）の討伐の故事に擬した伝承となっている。ちなみに日本神話では、大己貴尊と少彦名尊はともに協力して国土の経営にあたり、医薬やまじないなどの法を始めたとされている。

ここに挙げた忍術書は、いずれも神道書を引用し、我国の忍術起源を説いている。神道書の都合の良い部分を意図的に引いて創作した説であろうが、神々や祖先を崇《あが》める日本人の心性を反映しているとも言えよう。

日本人はむやみに争わず、常に相手の心情を測りながら事に当たり、戦う際は効率よく、相互の損失を少なくしていく特質がある。また、異質の文化や人を融合同化して、独自の文化を形成していく能力にも長《た》けている。国土の大半を占める山野の自然環境や、万物に神々を感得し、善悪を適宜に受け容《い》れる宗教観などともあいまって、忍術の萌芽《ほうが》が太古の昔、つまり神代より起こっていたとしても、不思議ではない。

大陸文化との融合

古代の日本には、大陸から戦乱を避けて渡来し、帰化した人々がいた。彼らがもたらした知識や技能が生活全般を豊かにし、後世の忍術形成に役立ったことは間違いない。

『日本書紀』では、応神《おうじん》天皇や雄略《ゆうりゃく》天皇の頃（四~五世紀頃）、秦《しん》の始皇帝《しこうてい》や前漢《ぜんかん》の元帝《げんてい》の末裔《まつえい》を称する秦《はた》氏の一族が大量に移民してきたとされる。

代々「服部半蔵」の名を受け継いでいたとして著名な伊賀の服部氏は、この秦の酒公《さけのきみ》の末裔とも言われるが、裏付けはない。服部氏の『忍秘伝』では、これより数百年前の孝霊《こうれい》天皇の時代（紀元前二一九年）に、秦の始皇帝の臣、徐福《じょふく》が渡来して忍術を伝えたと記している。徐福は、始皇帝に命じられて不老不死の妙薬を探す長い旅に出て、日本に上陸したという。

天正《てんしょう》伊賀の乱の件を記した『伊乱記《いらんき》』には、「上代より伊賀の遺風とてその古《いにし》への御色《おいろ》多由也《たゆや》（御弓路太夫《おゆろたゆう》）より諜術を伝え」云々《うんぬん》の記述があり、この御色多由也を徐福本人あるいは徐福の子女とする説もある。だが、徐福は道士《どうし》（古代中国の神秘思想に基づき神仙術を使う人）だから、忍術でなく仙術を伝えたのであろう。仙術は、薬物を使用したり、鍛錬により身を隠したりするほか、早く走る術、九字《くじ》の呪術《じゅじゅつ》（P44参照）などを含み、のちの忍術と共通する部分もある。

大陸からの書籍は、応神天皇の十六年（二八五）に百済《くだら》の博士・王仁《わに》が『論語』千字文を伝えたとされるが、人的交流はもっと古くよりあったと推測される。

『続群書類従』所収の「坂上系図《さかのうえ》」や『日本書紀』によると、「応神天皇二十年（二八九）、大陸より多くの民が帰化し、大和、近江《おうみ》などに置かれ、この人々を甲賀村主《すぐり》、夏身忌寸《なつみのいみき》などと言う」とあり、甲賀には多数の渡来の民が住んでいたようである。そのなかには、大陸の軍法に精通した者もいたことだろう。のちに間諜の制を設けたとき、外敵の情報を察するために、外国語を理解するこれらの人々を活用したのは当然のことだったと思われる。

ちなみに、大陸の兵書は、奈良時代に吉備真備《きびのまきび》が初めて唐《とう》より持ち帰ったとされるが、実際にはもっと古くに伝来していただろう。兵法伝書『訓閲集《きんえつしゅう》』では、開化《かいか》天皇（紀元前一五六年即位）の時代に大陸の履陶《りとう》が、太公望《たいこうぼう》の『六韜《りくとう》』と『孫子《そんし》』十三篇を伝えたとしている。

『孫子』は「用間篇《ようかんへん》」のなかで五種類の間諜の用法を記し、『六韜』は「陰符《いんぷ》第二十四篇」で暗号などの用法を解説している。この二つに『呉子《ごし》』『司馬法《しばほう》』『尉繚子《うつりょうし》』『三略《さんりゃく》』『李衛公問対《りえいこうもんたい》』を加えた兵書は「武経七書《ぶけいしちしょ》」と呼ばれ、いずれも間諜の重要性と用法を解説している。前項で紹介した神代伝承で、奈良朝の朝廷に秘蔵されていたとされる忍術書は、この種の書だったのかもしれない。

「間諜」の字義は、「間＝隙間、裏など」、「諜＝探る、窺《うかが》う」であり、それを行なう者を意味する場合もある。この「間諜」という語の最も古い記録は、漢籍では司馬遷《しばせん》の『史《し》記《き》』で、「廉頗藺相如列伝《れんぱりんしょうじょれつでん》」にある趙《ちょう》の武将・李牧《りぼく》に関する話に「謹烽火。多間諜」とあるのが初めての使用とされている。

「間諜の時代」の幕開け（飛鳥・奈良期）

六〜七世紀の東アジアは緊迫した情勢にあった。中国大陸では、隋《ずい》の統一と滅亡、唐の統一などの政変が起こり、朝鮮半島では、高句麗《こうくり》の圧迫を受けた百済や新羅《しらぎ》の勢力が半島を南下し、半島南部の任那《みまな》（伽耶《かや》諸国）を次々と支配下に収めた。

日本は、朝鮮半島の動向を巡って新羅や中国（隋〜唐）と緊張関係にあり、間諜もまた、活発に暗躍していたようである。

たとえば、『日本書紀』の推古《すいこ》天皇九年（六〇一）に、新羅より間諜の迦摩多《かまた》という者が対馬《つしま》に来たところを捕らえて、朝廷に貢ぎ、上野国《こうずけのくに》（現在の群馬県）に流したことが記されている。ここでは、間諜を「窺見《うかみ》（敵方の様子を探る意）」と訓じており、当時の日本語に間諜と同義の言葉が存在したことがわかり、興味深い。

日本国内でも、諸豪族の争いが多発した。用明《ようめい》天皇二年（五八七）、蘇我《そが》氏と物部《もののべ》氏の宗教戦争に名を借りた戦いで、忍術伝書では初めて「シノビ」と名付けられた忍者が登場する。

『忍術秘書應義伝《にんじゅつひしょおうぎでん》』『賀士誠』などによれば、聖徳太子に仕えた大伴細入《おおとものさいにゅう》（「細人」とも記し「ほそり」、「しのび」とも訓《よ》む）が物部氏と戦った際、秘密の軍術を以《もっ》て勝利し、物部守《もり》屋《や》を退治した功により、太子より忍《しのび》（志能便、志能備）の呼称を与えられたとしている。

もとより、この説は史書で裏付けられるものではなく、後世の創作伝承であろう。甲賀の総社《そうじゃ》ともされ、甲賀武士の崇敬を受けた油日《あぶらひ》神社の『油日大明神縁起』『油日神社濫觴《らんしょう》記《き》』には、忍びは登場しないが、聖徳太子と物部守屋の伝説が記されているので、この物語に付会して創作されたのではないだろうか。太子の伝説は、甲賀地域と奈良（飛鳥地方）との繋《つな》がりが深かった証《あかし》かもしれない。

なお、甲賀に残る「辻氏家伝《つじしかでん》」には、「……杉原斎入《すぎはらさいにゅう》ガ末孫也（細入、細人トモ伝フ）杉原ハ馬杉村ノ古名也　此者秘密ノ軍術ヲ得テ聖徳太子ニ供奉　守屋退治ニ有軍功　賜馬杉大伴之姓　或日道臣命末孫大伴之人也　太子之軍要ト共ニ神秘之術ヲ伝フ　甲賀伊賀軍法元祖也」云々と、『忍術秘書應義伝』や『賀士誠』と同様の物語があり、大伴細入の元の名を杉原斎入としている。

忍びの戦いの先駆け、壬申の乱

推古天皇十年（六〇二）、百済の僧・観勒《かんろく》が来朝し、暦本、天文地理書、遁甲《とんこう》方術書を献じ、大友村主高聡《おおとものすぐりこうそう》という人が、これらのうち遁甲方術を修得したという。

この遁甲方術を忍術、大友を大伴と解釈し、忍術の渡来説を説く向きもある。だが、遁甲方術の内容は不明であり、大友氏は帰化系の氏で、国史では明確に大伴氏と区別されているのである。

遁甲は兵法の一種ともされ、観勒がもたらした書には忍術的な内容が含まれていたかもしれない。現在に伝わる遁甲書を見ると、奇門《きもん》遁甲とも称され、ほとんどは方位を用いた卜占《ぼくせん》の方法が解説されている。呪符《じゅふ》や呪文で身を隠したりもするが、基本は方位を用いた兵法の一種に淵源《えんげん》しており、忍術に取り込まれたものもあった。

大化《たいか》元年（六四五）、中大兄皇子《なかのおおえのみこ》（のちの天智《てんじ》天皇）や中臣鎌足《なかとみのかまたり》らが、蘇我蝦夷《えみし》・入鹿《いるか》親子らを殺し、王族の軽皇子《かるのみこ》が即位して孝徳《こうとく》天皇となった。いわゆる「大化の改新」で、翌年、「改新の詔《みことのり》」が発布された。

この間も、国内外の情勢は慌しく紛争も絶えず、「改新の詔」では、諸国に関所を設けて斥候《せっこう》、防人《さきもり》を配して防備するという、我国初の諜報機関ともいうべき軍制を立てた。斥候も間諜と同じく「ウカミ」と訓じられ、敵情を探る働きが役目とされたのである。

一方、朝鮮半島では、六六〇年に唐と新羅が組んで百済を滅ぼした。我国は百済救援のために軍兵を派遣し、唐・新羅の連合軍と戦ったが、ついに白村江《はくそんこう》の戦い（六六三年）で敗北を喫した。

この敗戦を受けて防衛政策が進められ、翌六六四年には、大陸からの脅威に備えるために諸国より兵を募って防人とし、国境である対馬、壱岐《いき》、筑紫《つくし》などに配備し、烽候《とぶひのうかみ》（烽火《のろし》のこと）を設けた。

烽候は、外敵の侵入を察して変事があれば、即座に昼は煙を上げ、夜には篝火《かがりび》をたいて通報する仕組みだ。大宝律令《たいほうりつりょう》（七〇一年）の軍防令では、この内容を詳細に規定している。それによると、烽火は四十里ごとに置き、昼夜を分かたず様子を窺い、外敵の多寡により烽火の程度を区分。烽火の材料や作製法、定員までこと細かく規定している。

古代からの情報伝達手段として、烽火は欠くことができないものであり、合図や通信、偽計《ぎけい》（他人を欺くはかりごと）に大いに用いられたと考えられる。

のちには、狼の糞《ふん》を混ぜると煙がよく立つため「狼煙《のろし》」と書くようになり、火薬が伝来すると、より効率的に煙を上げる各種の狼煙が工夫された。狼煙は、古代以来の長い伝統のなかで培われた、必須《ひっす》の軍事技術だったのである。

また、平安時代に施行された律令の施行細則「延喜式《えんぎしき》」には、六六八年（天智天皇の時代）に甲賀に牧《まき》（牧場）を置き、牛馬を飼育したことが見える。飼育のための人的交流も盛んになり、知識も集積されて軍馬の用法が熟達し、戦いに大いに役立ったであろう。情報伝達手段としての早馬《はやうま》は、狼煙と同じく忍びの働きには欠かせない技術でもあった。

天智天皇の死後、帝《みかど》の子である大友皇子《おおとものみこ》と、帝の弟である大海人皇子《おおあまのみこ》（のちの天武《てんむ》天皇）との間で、皇位継承を巡る戦い（壬申《じんしん》の乱、六七二年）が起こった。戦いの舞台は伊賀や甲賀地域を経由し、両者は激戦を重ねた。大海人皇子は、東国からの軍事動員という行動をとって、短期間に敵方を制した。大海人皇子の近習には武略に長じた人物がおり、重要な情報を得ながら勝利したに違いなかろう。

『日本書紀』には、大友皇子が建てた近江朝廷側も、大津京《おおつのみやこ》から飛鳥京の間の所々に候（ウカミ）を置いているという、大和朝廷（大海人皇子）側の者の報告が載せられている。近江朝は、敵情偵察の斥候を配備していたのである。斥候もまた、忍びの活動の一部である。

また、この戦いでは、近江朝の将が甲賀において合言葉を駆使しながら夜襲を行っており、いかにも忍者の戦いの先駆けのようである。

謎の忍び多胡弥と、役小角の登場

各種の忍術書には、天武天皇の時代（六七二～六八六年）に、清光親王《せいこうしんのう》が逆心を企て、山城国愛宕郡《やましろのくにおたぎのこおり》（現在の京都市北区・左京区《さきょう》一帯）に城郭を構えて籠城《ろうじょう》したため、多胡弥《たこや》という者を忍び入らせ、城内に放火して外の天武帝側と呼応して落城させたという話が出てくる。

多くの忍術書が、これを我国の忍術を用いた起源としているが、清光親王、多胡弥は他の史書には見当たらず、実在が定かでない人物である。

伝書のなかには、清光親王を「御《お》みの親王」と記すものもある。また、『日本書紀』の、天武四年（六七五）四月、三位《さんみ》麻続王《おみのおおきみ》に罪があり因幡《いなば》に流したとの記述より、清光親王を麻続王に比定する説もある。こちらの方が妥当かもしれない。多胡弥の話も、真実に近いものだったのだろうか。

大和国葛城《かつらぎ》地方（奈良盆地南西部一帯）に、役小角《えんのおづぬ》が登場するのも、この時代である。

役小角は、古代よりの山岳信仰を中心に据え、雑密《ぞうみつ》（密教）と融合した、道教の要素を含む日本独自の神仏不二の宗教、修験道を開いた。

修験道は、山岳修行を旨とし、国内の霊山や里を跋渉《ばっしょう》する修験者（山伏）は呪術を行い、医療知識、観天望気《かんてんぼうき》（空の状況を観察し、天気を予測すること）の術、武術などを身に付け、相互の情報網も構築していた。

役小角は、舒明《じょめい》天皇六年（六三四）頃に生まれ、頭のてっぺんに角が生えていたので小角と言われたとされる、謎の人物である。

葛城は古くより開けた地で、応神天皇の頃に来朝した服部氏の祖ともされる秦弓月君《はたのゆづきのきみ》一族の一部が住み着いた場所とも言われる。また、「国栖《くず》」「土蜘蛛」などと呼ばれた日本原住民の拠点の一つでもあった。

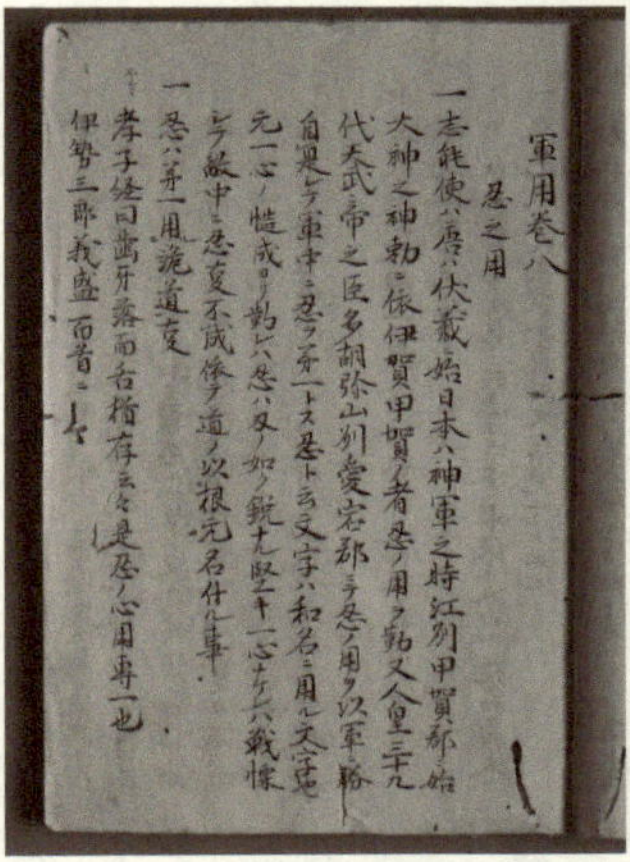
軍用巻八
忍之用

「志能便」や「多胡弥」の名が見られる『甲賀伴党軍用之巻』

小角はこうした環境下で育ち、日本古来の神道と渡来の仏教を習合し、全国の修験の山々を開いたとされる。心身の荒行を行いながら、古神道の呪術や太占《ふとまに》、密教の加《か》持《じ》祈《き》禱《とう》を修め、気合術や催眠術のような術技も駆使した。

甲賀飯道山《はんどうさん》の飯道寺や、伊賀の四十九院《しじゅくいん》は、ともに修験の道場でもあり、近在の住民は神仏への信仰と帰依を深め、日常的に修行光景を目にし、修験者の知識や技能を自己のものとしていったと考えられる。

信仰に支えられた確固たる信念は、敵地潜入の不動心を養い、生存の知識や技術とともに、忍びの技術を向上させる要素となっていったであろう。

朝廷が駆使した間諜

八世紀前半の聖武《しょうむ》天皇の時代には、都が恭仁《くに》、難波《なにわ》、紫香楽《しがらき》などに転々と移された。甲賀の紫香楽宮の造営では、甲賀杣《そま》が大いに働き、都からさまざまな人々が往来し、高度な技術や知識が流入してきた。

杣とは、木を伐採し輸送する人々を指す。彼らは山野を自由に往来し、さまざまな道具を用いて作業を行う。修験者との交わりもあり、軍用に役立つ独特の技術も、日常生活のなかで修得していただろう。

また、聖武天皇による東大寺の造営でも、木材の供給地として伊賀、甲賀は大きな役割を果たしている。都との人的な結び付きを深め、最新情報も集積していったであろうと推測できる。

奈良時代は、政治が仏教勢力と深く関わり、策謀が渦巻いて変乱の多発した混迷の時代でもあった。

『続日本紀《しょくにほんぎ》』には、天平《てんぴょう》十二年（七四〇）、朝廷に対して九州で起こった藤原広嗣《ふじわらのひろつぐ》の乱のとき、朝廷側が派遣した間諜の敵情偵察の記事が載せられている。

「……又間諜申云　広嗣於遠河郡家　造軍営儲兵弩　而挙烽火　徴発国兵矣」

間諜の報《し》らせでは、広嗣は遠河《おんが》の郡家《ぐうけ》で軍隊の営舎を造り、兵隊や弩《いしゆみ》を準備して烽火を挙げており、軍兵が出陣するようだ、というのである。烽火や間諜が実戦で活用されている様子がわかる記事だ。策謀が渦巻くこの時代、間諜は大いに活用され、忍びの知識や技能も徐々に蓄積されてきたと考えられる。

僧兵の誕生

中央政治の乱れは、飢餓や貧困による放浪民の増加を招き、「蝦夷《えみし》」と呼ばれた東北地方の人々の反乱なども続いて、国内は混乱の極みに至った。これを打開すべく、桓武《かんむ》天皇は七九四年、寺院勢力の強い奈良から山城国へ遷都した。

延暦《えんりゃく》二十三年（八〇四）に渡唐した最澄《さいちょう》と空海《くうかい》は、帰朝後に天台《てんだい》、真言《しんごん》の密教を起こし、国家鎮護と民衆救済活動を行い、中央とも密接な関係を有しながら諸国に寺院を建立していく。甲賀の飯道寺や伊賀の四十九院は、密教寺院として、また修験の道場として繁栄していった。

修験者（山伏）は、寺院守護や自己防衛のために武術を工夫し、間諜の知識も吸収して兵法を修得していっただろう。諸国を自由に移動して独自の情報網を持つ彼らは、軍事にも有効であり、自らも軍事行動を行うようになっていく。僧兵《そうへい》の誕生である。この実践のなかで、忍びの技や知識は大いに培われていったことだろう。

なお、最澄が唐から帰国する際、秦氏が忍術を以て最澄護衛のために随《したが》い、来朝したという面白い口伝承がある。甲賀に残る『花木堂中都寺由来《はなきどうなかつでらゆらい》』や系図では、最澄と縁《ゆかり》のある秦氏の末裔、喜多兵官《きたへいかん》の由縁が伝えられ、その末孫の中辻左門《なかつじさもん》は、戦国期に忍術をつくり出した十一人のうちの一人とされている。この中辻家は、近世まで延暦寺と関係をもち、忍術として天台密教の伝授を受けていた。

「悪党の時代」の到来（平安・鎌倉期）

平安時代の中期以降は、律令制がほとんど機能せず、寺社や貴族は荘園《しょうえん》獲得に力を尽くし、浮浪民や杣工《そまのたくみ》、没落農民などまでも用いて、武力を行使しながら荘園を拡大していった。荘園内を管理する荘官や名主たちも自ら武装し、土地の所有を守り、さらには武力で私領を得て勢力を張るようになる。武士の発生であり、忍びの源流である悪党《あくとう》の時代の到来である。武士の発生は律令制を崩壊させて政治を乱し、世情は不安をきたし、浮浪の徒も増加して、群盗が所々に跋扈《ばっこ》する世になっていった。

前述したように、東大寺建立の用材は杣工により伊賀、甲賀の寺領山域から伐採・輸送された。その過程で山地は開拓され、荘園とされていった。杣工たち一部はその地に定住し、国衙《こくが》（国司の統治下にある土地）にまで進出して、武力を用いて争うようになる。

東大寺の荘園拡大でも、開墾に浮浪の徒が使役され、彼らも悪党へと変貌《へんぼう》していく。そのなかには、盗賊、遊芸の民、工商人、陰陽師《おんみょうじ》、放浪僧なども多数混じっていた。この異能の人々の職能や生活技術や知識は、忍びの技術にも取り込まれていったことだろう。

平安後期の学者・大江匡房《おおえのまさふさ》が著した『傀儡子記《くぐつき》』に、「クグツ（傀儡子）」と呼ばれる漂泊遊芸民の生活の様子が記されている。定住せず放浪し、歌舞音曲を演じるだけでなく、弓馬や刀剣を自由に操り、軍事面でも秀でていたようである。傀儡子を山窩《さんか》（浮浪の民）と同一視し、戦国期の乱波《らっぱ》や透波《すっぱ》の源流と見る説もある。

傀儡子の行う雑芸は散楽《さんがく》という。歌舞、曲芸、幻術、奇術の類《たぐい》で、現在の中国雑技団などで行うマジックやアクロバット芸と同種のものである。奈良時代には朝廷に散楽戸《さんがくこ》が設けられ、芸能者を養成していたが、平安時代には廃されており、世の混乱のなかで諸国に流れていったと考えられよう。鍛錬を必要とするこのような芸は、放浪する人々によって伊賀、甲賀にももたらされ、忍びの技の一部に加わったかもしれない。

散楽は、のちに猿楽《さるがく》と名が変わり、このなかの演劇的な芸事から田楽《でんがく》が生まれ、後世の能、狂言に列《つら》なっていくことになる。

伊賀・甲賀の武士団はどうして生まれたか

伊賀には、東大寺の杣として、板蠅杣《いたばえのそま》(伊賀国南部の名張黒田《なばりくろだ》)と玉滝杣《たまたきのそま》(伊賀国北部、甲賀との境)があった。これらの地は、奈良の寺院建立のための木材供出地であり、荘園でもあった。

黒田荘や玉滝荘では、天喜《てんぎ》元年(一〇五三)頃から、国衙と東大寺の争いにより「悪党」と呼ばれる人々の活動が始まった。やがて、源氏や平氏が武士階級の棟梁《とうりょう》としてこれらの勢力と結び付き、荘園領主の支配に抗する武士団が生まれてくる。

この者たちは、争いのなかで有効な兵法や忍びの基礎となる知識、技能を修得していただろうが、近隣の山伏などからも多くを学び、活用したと推測できる。また、盗賊化した人々には、傭兵《ようへい》のように戦いに加わった者もいたことだろう。

後世の軍記『雲陽軍実記《うんようぐんじつき》』の「本朝鉢屋由来事《ほんちょうはちやゆらいのこと》」は、平安末期の盗賊の様子を、「……畿内の中まで忍び出て押込、辻斬り、追剝《おいはぎ》、夜討をなし…中略…元来忍びになれそめたる者故、爰《ここ》に有るかとすれば彼所《あすこ》に飛び、飛鳥の如くに立ち回り」云々と描き、後世の忍者の姿を彷彿《ほうふつ》とさせる。

一方、甲賀地域での武士団の発生は明確にはわからないが、『朝野群載《ちょうやぐんさい》』天暦《てんりやく》十年（九五六）の記事に、郡内の武芸の者として、甲賀公是茂《こうがのきみこれしげ》が追捕使《ついぶし》（兇徒《きょうと》を逮捕する官）に補任されたことが見える。

是茂は、古代の甲賀開拓者で渡来系の民である鹿深臣《かふかのおみ》の末裔で、甲賀郡司として権勢を誇った一族の者とされる。在地の領主として私領も拡大し、甲賀地域の武士団形成の基《もと》となったと考えられる。彼の秀でた武芸の内容は不明だが、用間を含む大陸の兵法にも通じていた人物だったのではなかろうか。

もう一人、甲賀武士・望月《もちづき》家の祖とされる平安期の謎の人物、甲賀《こうか》三郎兼家《さぶろうかねいえ》がいる。伊

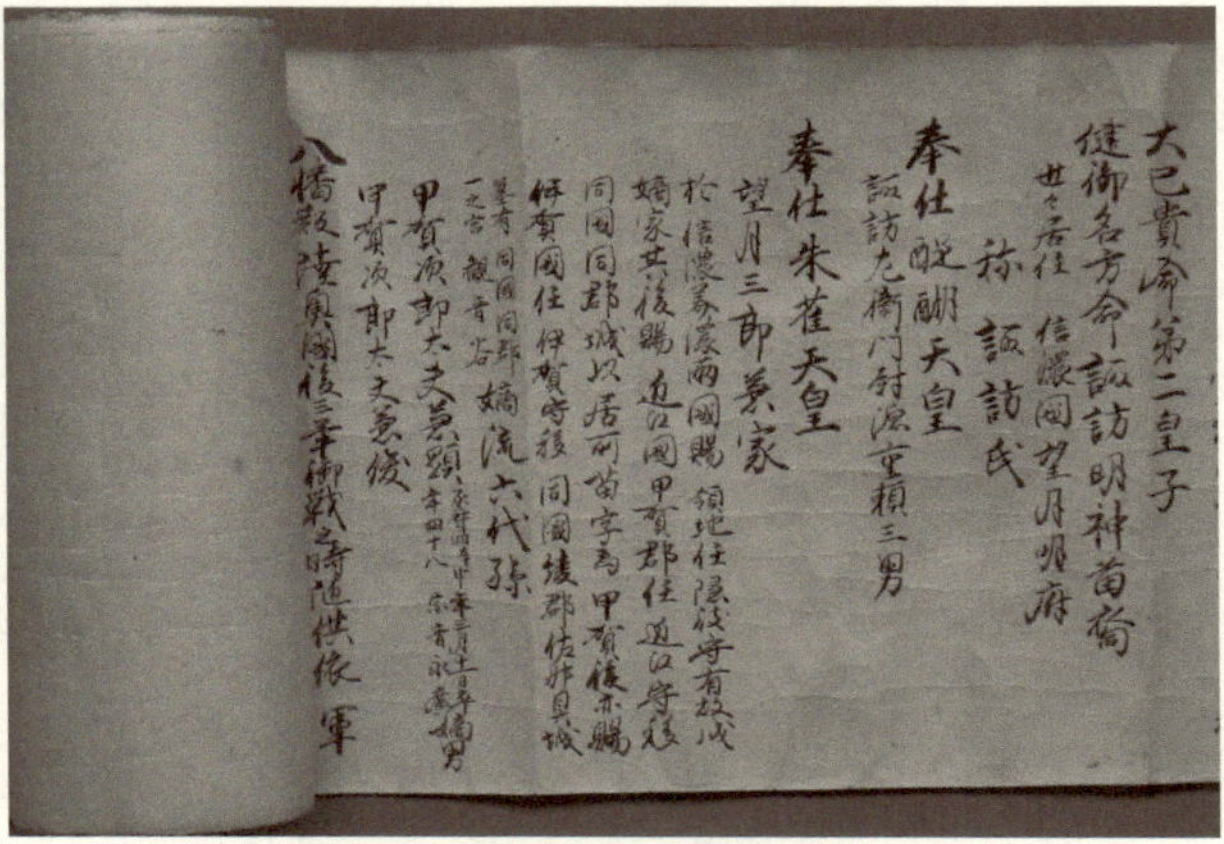

三郎兼家の名が見える「望月駒井《こまい》氏系図」

賀、甲賀の所伝では、平将門《たいらのまさかど》の乱（九三九～九四〇年）で功績があり、近江・伊賀の両半国を領し、支配したという。甲賀の大岡寺《だいこうじ》の十一面観世音菩薩《ぼさつ》は三郎兼家の守り本尊と伝わるが、実在の不明な伝説上の人物である。この人を甲賀流忍術の開祖とする説があるが、私はその典拠を知らない。

　三郎兼家は伊賀一宮敢國神社《いちのみやあえくにじんじゃ》の祠《ほこら》に祀《まつ》られ、その亡骸《なきがら》は社《やしろ》の奥の観音谷《かんのんだに》に葬られたとされ、伊賀とも深い縁がある。彼の伝説は全国にも散在する。熊野《くまの》の修験者や、放浪の物語読みである唱門師《しょうもじ》らによって流布したとされ、甲賀の望月氏も、このような人々が定住して形成された一族ではないかと考えられている。伝説地の分布を見ると修験道場の存在を確認でき、山伏などと関係の深い徒が、諏訪《すわ》信仰とともに伝えていったとも類推できる。農耕や山仕事で必要な牛馬の守護や、穢《けが》れとされた狩猟を免じるという諏訪信仰との関わりもあり、全国に伝播《でんぱ》した物語でもあっただろう。

初公開　忍術『義経流陰忍伝』

平安末期に源平の合戦で活躍した源 義経《みなもとのよしつね》は、幼少より鞍馬寺《くらまでら》で武術や兵法を学んだ知勇兼備の名将であり、奇襲を得意とし、身近に山伏や盗賊を召して活用していたとされる。

そして義経は、忍術「義経流」の祖とされているのである。

「義経流」は源義経を流祖に仮託した兵法で、そのなかの一つの項目として、忍びのことが書かれている。江戸時代初期か戦国時代末期に作られた『義経流陰忍伝』がそれで、「天之巻（法）」「地之巻（配）」「人之巻（術）」の三巻から成る。

私が生まれ育った福井県の越前《えちぜん》福井藩では、江戸時代に義経流兵法を採用していた。福井藩は忍びの衆を二十〜二十五人ほど抱え、この『義経流陰忍伝』をテキストとしていたのだ。義経流兵法を修得していた人たちは皆、その写本を持っていたと思う。

義経流兵法書は福井の松平文庫に一部残っているが、忍術の秘伝書は明治以降の震災や

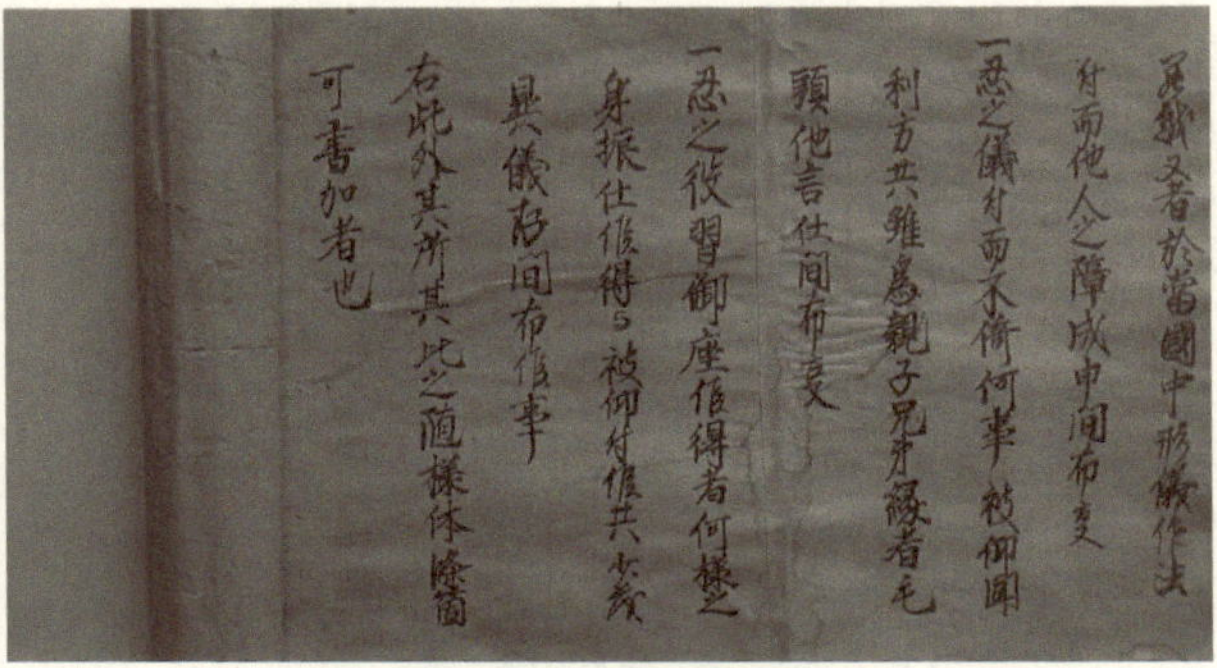
凡敵又者於當國中形儀作法
付而他人之障成申間布支
一忍之儀付而不寄何事 被仰聞
利方共雖為親子兄弟縁者も
類他言仕間布支
一忍之役習御座候得者何様之
身振仕候得ゟ 被仰付候共少義
異儀存間布候事
右此外其所其比之随様体
可書加者也

『義経流陰忍伝』

空襲などで、ほとんどは失われてしまった。私が所蔵する『義経流陰忍伝』は、福井藩の忍びの衆の末裔・白崎《しらさき》家に残されていた秘伝書だ。江戸時代の藩士たちはおそらくその存在を知っていたと思うが、今ではほとんど知られていない。

以下に、『義経流陰忍伝』のなかの「忍衆《しのびのしゅう》心懸けの条々」（日常生活での心得）と「陰忍法令」の全文を紹介する（ルビは筆者）。いずれも、これまで紹介されたことのない貴重な史料である。

【忍衆心懸けの条々】

・武士の役の事多しと云《い》へども、忍の役は万人の上の、闕目《かけめ》油断を見付て気を付け、誤りの無きように心を附ける役なり。

・昼、人中を通り歩行候《そうろう》とも、我が心を帯したへ下し、気を強く張り、他の右の拳《こぶし》に目を付け通る可《べ》き事。

・夜は竊盗《せっとう》強盗類、火事類不慮の事有る可しと、不断心懸けるべき事。

・平人と違い候上は、天下静まって国に居り候とも、明朝にもふと旅立ち、他国へ行く可しと心得て、万事旅用意絶やす間《まじ》敷き事。

・金銀類路銭と心得、不断の着物、家の道具以下も、成る程麁《そ》相《そう》に致し、明日にも軍陣と申す時は、上に一重《ひとえ》羽織、大小と草鞋《わらじ》、股引《ももひき》、上帯、下帯、死場の晴れ道具を用意仕り、嗜《たしな》み申す可き事。

・上戸《じょうご》に生れ付き候とも、可成《かな》り程嗜むは扣《ひかえ》申す可き候。鬼形《きぎょう》の上にても酒にて力弱り人に搦《から》められ、義朝《よしとも》の臣下ども酒故に討たれ、皆上戸の騙されて人に搦めとられ候事、ためし多き候事。

・不断、人中を通り候とも、人の声の高下を聞く時は、軍陣の鬨《とき》の声の稽古に致し、人多く集まり候は、軍陣の人数積りの手本と仕る可き事。

・不断、武具仕立て候とも、習いの外《ほか》を、利方の工夫仕り能《よ》きようにと存ず可き事。

・不断、捕手《とりて》　太刀打　棒、万事急なる時の稽古仕る可き事。

・不断、海川を得、他人流れ候とも、飛入り揚げ、又は自身船より落ち候とも、上り候分別仕り、うかと仕り間敷き事。
・毎朝、むく起きに手水《ちょうず》つかい、大小を戴《いただ》き日月を拝み、心の内の慎み祈念仕る可き事。
・妻子共にもかいがいしき事申し聞かせ、油断仕らずように、不断申し付く可き事。
・子共の末に、金銀譲るは心入り悪《あ》しく成り、親の名を譲るは末代くち申さず候間、兎《と》角《かく》張弓の如く心を強く、不断持ち習ふ可き事。
・軍陣不断共謐《ひつ》時は、心を一入れ、強く張り詰め、物人数の上を遠目に見て、油断透間を勘《かんが》へ、心懸る可き事。

忍者の日常生活がわかる史料は少ないが、「忍衆心懸けの条々」は福井藩の忍びの衆が日常生活で心掛けるべき諸事の留め書きであり、彼らの生活の細部を窺い知ることができる。

たとえば、「平人と違い候上は……」と「金銀類路銭と心得……」の条からは、彼らがいつでも任務に赴けるよう日頃から旅支度を整えていて、死ぬときの用意までしていたことがわかる。「毎朝、むく起きに手水つかい……」の条では、彼らが毎朝起きたらすぐ（むく起き）に身を清めて神仏（日月）に祈りを捧《ささ》げていたことがわかる。どの条も、いかにも忍者らしい生活規範で、忍術秘伝書とはまた違う意味で非常に興味深い。

一方、次に示す「陰忍法令」は、福井藩忍びの衆としての一種の掟書《おきてがき》である。主君のために真面目に働き、敵方に関する情報は細大漏らさず報告し、忍びの任務について秘密を厳守することが求められている。

【陰忍法令】

忍役定制神文前書之事。

・主君の御為、何事に寄らず疎《おろそ》かに存じ奉り間敷き事。

・平安の時、又は軍陣中、忍仰《しのびおお》せ付けられし砌《みぎり》は、仮令《たとい》親子兄弟の盟有りと雖《いえど》も、仰せ含まれし候品々の外、当御家の噂、他所他人の前にて、何事に依《よ》らず一切申す間敷き事。

・他国、又は敵方の善悪の噂の儀は、何たりと雖も一族縁者の好み有るを、見付け聞き付け次第、残らず此方《こなた》へ注進仕る可き事。

・何事に依らず、見聞し申す儀は有り様申し上げ候可き事。仮令、他国の忍、並びに平人等の申し聞きし候を偽り候て、自身見聞し候様に申し上げ間敷く候事。仰せ付けられず候て、御断り申さず他所へ罷《まか》り越し、又は　當国《とうこく》中に於《おい》て、形儀作法に付いて他人の障《さわり》に成り申す間敷き事。

・忍の儀に付いて、何事に寄らず仰せ聞かされし利方《りかた》共は、親子兄弟縁者たりと雖も、毛頭他言仕る間敷き事。
・忍の役習い御座候得ば、何様の身振り仕り候得と仰せ仕り候とも、少しも異儀存じ間敷き候事。
右この外、其《そ》の所　其の比に之随《これしたが》い、様体　條個を書き加える可き也《なり》。

鈴鹿の盗賊と忍者の関わり

『本朝武家評林』という元禄《げんろく》十三年（一七〇〇）の書には、義経が一《いち》ノ谷《たに》の合戦で忍びを使ったと記されているが、後世の書であり信頼性は乏しい。

また、丹波《たんば》に伝わる忍術伝書『村雲流縁起《むらくもりゅうえんぎ》』などによれば、義経に影のように仕えた常陸坊海尊《ひたちぼうかいそん》は、丹波の須知《すち》氏出身であり、正五位上御刀部水口永雄麿《しょうごいじょうみとべみなくちながおまろ》を祖とする丹波の忍びであったとされる。修験山伏の働きから類推して書かれたものかもしれないが、面白い伝承だ。丹波の須知氏は伊賀の須知氏と祖を同じくするといい、伊賀とも関わりがあった氏族である。

義経の股肱《ここう》の臣《しん》・伊勢三郎義盛《いせのさぶろうよしもり》は、前身を伊賀・甲賀・伊勢境の鈴鹿山《すずかやま》の盗賊とされる。

伊賀出身の伝説もある人物で、忍者の心得を百首の和歌にした忍歌《しのびうた》「義盛百首」を詠んだと仮託されている。

私も石田正蔵先生の下で修行を始めると少しずつ「義盛百首」を教わった。和歌といっても、元山賊の伊勢三郎が詠んだとされるものだから難しい技巧はなく、子供でも理解できるものがほとんどだ。百首のなかで私が好きな歌は、

しのびには　ならひ《習い》の道は　おほ《多》けれと《ど》　まづ第一は　敵にちかづけ

である。いくら術技や知識に長けていても、敵に近付かなければ忍者の役割は果たせない。子供心に「なるほど、その通りだ」と思ったが、成長するにつれて、「敵に疑いを抱かせずに近付くというのは、じつはいちばん難しいことかもしれない」と考えるようになった。「義盛百首」には、忍者は生きて帰ってくることが最も大事という主旨の歌も多い。以下に幾つか挙げておこう。

しのびには　ゆくことよりも　退口《のきくち》を　大事にするぞ　習《ならひ》なりける

しのびには　道具さま〴〵《ざま》　多《おほく》とも　まづ食物は　こし《腰》をはなすな

敵にもし　見付《みつけ》られなは《ば》　足は《速》やに　にげてかへるぞ　盗人《ぬすびと》のかち《勝》

ところで、源平の合戦と同じ頃、「日本盗賊の元祖」と言われた熊坂長範《くまさかちようはん》（加賀《かが》の人とも

される）が鈴鹿に巣くっていたとされ、後世には、この者を忍術流祖に仮託した引光流《いんこうりゅう》忍術も編まれている。

忍者や忍術と鈴鹿の盗賊との関わりは興味深く、忍びに「竊盗」の字をあてる所以《ゆえん》でもあり、当時の「忍び」とは「盗賊」を意味することが多かったと推測される。

源平の争乱後、鎌倉幕府が開かれると、甲賀の伴、山中《やまなか》、橘《たちばな》の諸氏は近江守護の佐々木《ささき》氏（源氏の名門）と深く結び付き、勢力を拡大していった。これ以来、甲賀武士団の多くは佐々木氏に臣従し、活動していくこととなる。

自存自衛の戦いで台頭した伊賀・甲賀の悪党

二度にわたる蒙古襲来（元寇《げんこう》一二七四年、一二八一年）のあと、鎌倉幕府は国土防衛に尽力した御家人たちに充分な恩賞を与えることができず、施政は混乱した。甲賀地域では、自存自衛のために武士と農民が地域ごとに団結し、支配権を巡って争いが頻発した。

経済や治安の悪化は不逞《ふてい》の輩《やから》を生み出し、各地に盗賊が出没。甲賀の山中氏は建久《けんきゅう》二年（一一九一）以来、鈴鹿山に巣食う盗賊を追捕する鈴鹿の関の警護役に任じられていたが、盗賊の根絶は困難だったようである。

伊勢の神宮文庫所蔵の『山中文書《もんじょ》』には、南北朝や室町期に盗賊を捕らえた記録が残る。「名誉《めいよ》山賊人《さんぞくにん》三雲《みくも》伊予坊《いよぼう》」の召し捕りの記録や、山賊人の名簿から、鈴鹿の盗賊は近江、伊賀、伊勢の国の土豪たちだったようである。忍びの道具や技に、盗賊と類似の知恵と技術が含まれ、対抗手段も工夫され、忍びの働きを主とする兵法として発達していったと考えられる。

一方で、源平の戦いのなかで焼失した東大寺の再建の勧進を行った俊乗《しゅんじょう》坊重源《ぼうちょうげん》による浄土教の普及は、伊賀の人々にも大いに影響を与え、民衆自立の思想を育《はぐく》んでいき、寺を中心にした村落集団での自由な行動を促進していったと考えられる。

伊賀では元寇のあとの国情不安定に乗じて、悪党たちが荘園主に対してますます武力を行使し、闘争を繰り返した。人事の工作、奇襲、攪乱など、のちの忍びとしての戦い方で抗争を行なったのである。

名張黒田の東大寺荘園の荘官・大江氏が形成した武士団は、「黒田の悪党」として名高い集団に成長し、荘園主の東大寺と頻繁に闘争した。悪党の活動は、鈴鹿の山賊や夜盗と同様の行為に加え、放火や城郭の構築、年貢や公役の拒否、流言飛語、人心攪乱など、軍用の忍びの原型と言ってよいものであった。

弘安《こうあん》五年（一二八二）の「東大寺衆徒訴状案」には、幕府に対する悪党取り締りの訴えが残っている。その後も、訴えは朝廷を巻込みながら幾度も繰り返されるが、荘園制が完全に崩壊するまで悪党の活動を鎮定することはできなかった。悪党が相当な武力を有し、高度で頑迷な抵抗を続けたと推測される。黒田の悪党を形成した伊賀大江氏を前出の大江匡房の系とし、大江氏家伝の「源家相承書」「虎之巻」（中国伝来とする偽書）などに言う兵法を、伊賀武士のものとする説もある。何らかの関連はあったのかもしれない。

伊賀で大江八家と呼ばれる武士団の一族には見出《みいだ》せないが、忍術で有名な百地《ももじ》氏を大江姓とする系図がある。戦国時代に、近江国の大名・六角《ろつかく》氏の命で織田信長を狙撃《そげき》したことで知られる甲賀の杉谷善住坊《すぎたにぜんじゆぼう》の家を、この大江の一族とする説もあるが、真偽はまったく不明だ。また、天正伊賀の乱で最後の抵抗を行った滝野《たきの》氏なども、この大江の一党と伝えられる。

一方、大江氏と同時期に北伊賀の阿拝郡《あえのこおり》服部郷を本拠とした服部氏は、もとは鎌倉幕府の御家人だったが、武力により勢力を伸ばし、悪党として玉滝荘を侵し、黒田荘にも所領を獲得していた。北伊賀の服部康直《やすなお》は、南伊賀の大江清定《きよさだ》とともに、東大寺から「悪党張本（首謀者）」と名指しされている。服部氏もまた、伊賀一円に分属し、伊賀武士の代表とも目される存在となっていったのである。

開花した「忍びの時代」（南北朝・室町・戦国期）

幕府の専制や政策の破綻《はたん》、各地の有力土豪の荘園押領などの混乱に乗じて、後醍醐《ごだいご》天皇は足利尊氏《あしかがたかうじ》、新田義貞《にったよしさだ》らの有力御家人を味方に引き入れ、異類異形の民をも駆使して鎌倉幕府を倒し、建武《けんむ》の親政を断行した。

鈴鹿の盗賊・三雲伊予坊が捕らえられた翌年の建武三年（一三三六）、南北朝の時代に入る頃より、北伊賀の高畠右衛門太郎《たかはたうえもんたろう》（服部持法《じほう》）は東大寺領荘園を押領し、「当国名誉大悪党張本」と呼ばれ、北伊賀悪党の首領となっている。

この時代の北伊賀悪党は、柘植新左衛門《つげしんざえもん》や河合新左衛門《かわいしんざえもん》らの一統も服部持法と結合した国人一揆《こくじんいっき》であった。一揆とは、契約を取り交わして統一行動をとる地域連合体のことである。

伊賀武士の記事が残る『関岡家始末《せきおかけしまつ》』には、服部党が甲賀の多羅尾《たらお》氏も従えていたとあり、隣接する甲賀の土豪とも連携していたようである。戦国期に入ると、この柘植氏や河合氏らは服部氏と同様に忍びとして活躍するようになる。

南北朝期の伊賀は、東大寺の勢力に対抗する必要もあり、自己を有利にするために南朝に味方し、宮方の悪党として活動していく。

守護は名ばかりで強い政治権力が出現せず、荘園制は完全に崩壊し、悪党たちは武士団を形成して村々に割拠し、群小土豪として互いを牽制《けんせい》しながら争いを続けた。

この長い年月の戦いのなかで、闘争に必要な武技を練り兵法を修得して、小集団での戦闘に効果的な、忍びの働きである奇襲戦法を身に付けていったのである。

甲賀では、血縁的な繋がりが希薄となり、一族が分裂していった土豪たちは自己の立場の有利な方に付き、南北両朝に分かれて激しく争った。建武年間には、南朝方の儀俄《ぎが》氏・黒川《くろかわ》氏と北朝方の山中氏・小佐治《こさじ》氏が争っているが、これも自存自衛や勢力拡大のために他ならなかったであろう。

楠木正成は伊賀の忍びを使った？

先述した伊賀一宮敢國神社は、悪党・服部氏の本拠地にある。そこに祀られる甲賀三郎兼家の伝説を語ったと考えられる唱門師は、室町時代の『大乗院寺社雑事記』によると、陰陽師、卜占、久世舞《くせまい》、経読みなどの雑芸人が中心で、七道の者（猿楽、白拍子《しらびょうし》、歩き巫《み》女《こ》、鉦叩《かねたた》き、鉢《はち》叩き、歩き横行《おうぎょう》、猿飼《さるかい》）が傘下だった。前記の散楽の芸と重なる所が多い。

また、敢國神社の祭礼は「黒党祭《くろんどまつり》」といい、かつては忍びを象徴するかのような黒い衣装を身に着け、「服部」の名を得た者のみが参加し、奉仕したとされる。いかにも悪党らしいいでたちで、現代に描かれる忍者の姿を連想させて面白い。

この祭礼には、甲賀の土豪も多く参列したとする忍術書もある。そこでは源平合戦の際、安徳《あんとく》天皇と共に壇ノ浦《だんのうら》で入水したとされるが、実は逃亡し、伊賀服部氏の祖ともされる伊《い》賀平内左衛門《がへいないざえもん》を「けぶりの末」と記していて、興味深い。

忍術書『武門必要兵家樞機神秘忍術』によれば、敢國神社は、神代より伝わり恵美押勝《えみのおしかつ》（奈良時代の政治家、藤原仲麻呂《ふじわらのなかまろ》の別名。孝謙《こうけん》上皇と対立し、乱を起こしたが敗れた）が持っていた伝書を蔵し、のちにその伝書を楠木正成《くすのきまさしげ》が得て、甲賀五十三家の一つ、芥川《あくたがわ》氏に伝えたとの伝承も残っている。敢國神社を介した甲賀、伊賀の土豪たちの関連を想像させる。

南朝の忠臣・楠木正成の出自については諸説があるが、散所《さんじょ》（年貢を徴収されない土地）を支配する者だったようである。散所には賤民《せんみん》や浮浪民が集落を形成し、楠木氏がこれを支配する長者だったとすると、南朝方で働いた異類異形の民とも関わり、軍記『太平記』に描かれる正成の神出鬼没の働きの根源が類推されよう。

楠木氏は伊賀地域との関連が深く、軍記物ではあるが、伊賀の忍びを使ったとされる。

さまざまな階層の人々からの情報や、芸能による人心操作など、異能の人々からも多くの術技や知識を得て活躍したのだろう。

楠木氏や南朝方は吉野《よしの》を本拠とし、吉野や熊野の山伏を味方にして戦った。奈良から伊賀、甲賀を経て連なる修験の道を通じて情報を伝達しながら、独自の戦法や戦略も研鑽《けんさん》され、編まれていったことだろう。

源義経と同様、正成を流祖に仮託した武術や兵法、忍術「楠流」も、『太平記』を基にして後世に創出されたものである。

伊賀・甲賀忍者の全盛期

南北朝の戦いを記す『太平記』は、一三〇〇年代に成立したとされる軍記だ。初めて「忍び」の語が用いられたのは、まさにこの書で、忍びの行動も載っている。盗賊の意とは異なり、夜討や放火の奇襲、攪乱の働きを指して「忍び」という言葉が使用されているのである。

西源院本《せいげんいんぼん》『太平記』には、「……本間三郎《ほんまのさぶろう》カ寝所ヲ見ルニ血流タリ　コハイカニト憤テ細人アリテ三郎殿ヲ害シ奉リタリ」云々とあり、細人に「しのび」と訓じている。聖徳太子に仕えたとされる大伴細入（細人）の名と共通しており、興味深い記述だ。

忍術書『万川集海』の記述などによれば、応仁《おうにん》の大乱（一四六七年）以降、伊賀、甲賀の土豪は村々に城館を構えて自立し、相互に情報を得て互いに牽制しながら、時々の戦闘に応じて独自の兵法を練ったとされる。これが忍びの技術であり、外敵に備えて「小を以て大を制す」ための方策として敵の情況を探索・偵察し、間隙《かんげき》を見出し、夜討や朝駆けの奇襲や攪乱を行い、敵を制する手法を工夫したのである。

室町期から戦国の時代に移ると、甲賀では外部からの強力な勢力に対抗するため、血縁的な「同名中惣《どうみょうちゅうそう》」や、その地域連合である「郡中惣《ぐんちゅうそう》」を形成し、地域共同体として連合した。同時期に伊賀でも、内部の対立を超えた連合組織として「惣国一揆《そうこくいっき》」を形成し、外部からの侵略に備えた。『山中文書』によれば、甲賀の郡中惣と伊賀の惣国一揆は協力関係にあり、国境で野寄合《のよりあい》（民衆集会）を開いていたとされる。これらの惣や一揆は、人々が平等の立場で参画する、一種の自治共和制であった。

ここで生まれた独特の兵法としての忍びの術や、それを駆使する忍者は、伊賀、甲賀だけでなく諸国に起こり、地域や特質によって「草《くさ》」「乱波」「透波」「外聞《とぎき》」等々と呼ばれた。それまで特定の主《あるじ》に属さず活動した忍びのなかから、勢力のある大名には傭兵としてでなく、抱え者として仕える者も出てきた。

絶え間ない戦乱を避け逃れた人々や、諸国を行脚する修験者、漂泊の人々などにより、伊賀、甲賀の優れた忍びの技術が拡散していったことも想像される。

『淡海温故録《おうみおんころく》』などによれば、甲賀、伊賀の忍びが有名になったのは、長享《ちょうきょう》元年（一四八七）に起きた鈎の陣《まがりのじん》からだという。

鈎の陣は、足利幕府が、荘園や幕臣領を押領する近江守護佐々木六角氏を誅伐《ちゅうばつ》する戦いだったが、佐々木側に味方した甲賀、伊賀の武士が神妙奇異の働きをし、国中の者がそれを見聞したため、一躍その名が高まったとされる。

この戦いで功のあった者たちは、のちに「甲賀五十三家」（その中で特に功があった者たちは「甲賀二十一家」）として称《たた》えられたというが、それは江戸期に入ってから家の由緒や格式を高めるために創造された話だともされる。

甲賀武士（甲賀衆、甲賀者）や伊賀武士（伊賀衆、伊賀者）が、すべて忍びに長じた者と解釈するのは誤りであるが、長けた者たちが内在していたことは事実だったろう。独自の戦術を駆使した精兵であったことは各種の史料により確認でき、忍びという特殊な働きや戦闘における、傭兵のような者として需要があったのは確かなことだと思う。

諜報活動や奇襲、謀略、攪乱などを特色とする伊賀・甲賀武士のこの時代の働きの多くは、自立した活動であり、本来の忍びの姿と言える存在であった。

伊賀衆の活動の一端を見てみると、『小槻時元記《おづきときもとき》』には、文亀《ぶんき》二年（一五〇二）二月、京都愛宕山《あたごやま》の山伏ら四百人余が伊賀に攻め入ったが、伊賀衆はその夜のうちにほとんどを討ち取り、奇異のことであると記録されている。どのように迎え撃ったのか不明だが、驚異の戦法である。

また、『享禄天文之記《きょうろくてんぶんのき》』には興味深い記録が残っている。永禄《えいろく》四年（一五六一）、奈良の十市城《といちじょう》攻撃の伊賀衆を率いた人物が、「木猿」という者だったというのだ。『万川集海』に載る忍術名人、下柘植《しもつげ》の木猿《きざる》のことなのであろうか。

諸国に広がる忍びの活躍

名だたる武将が天下統一を目指した戦国期、多くの大名が情報戦やゲリラ戦で優位に立とうと、忍びの者を雇い入れた。戦国大名に仕えた忍びについては、軍記や由緒書、伝書などが出典であり信頼性は低いが、かいつまんで紹介しよう。

岩手の南部《なんぶ》家に仕えた唐家《から》は、「間盗役《かんとうやく》」という忍びの御用を代々務めていた。「唐家系図」などによれば、唐家初代の名は斉藤兵部《さいとうひょうぶ》といい、草葉隠れの術を駆使して藩主より「三国無双である」と賞賛され、唐姓を与えられたという。

越後《えちご》の上杉家には、甲賀や伊賀の者が召し抱えられ、神財《しんざい》流軍法を伝える「夜盗組《やとうぐみ》」があったとされる。神財流は、軍僧・神財秀異居士《しんざいしゅういこ》長房《じちょうぼう》を祖とした軍法で、忍術も含むという。

越前の「三島系図」によると、加賀の前田《まえだ》家には、越前穴馬《あなま》の土豪・三島党が、諸国の大名に仕えながら斥候や偵察の任に当たっていたとする。

伊賀者が仕えており、夜盗出身の四井《よつい》主馬《しゅめ》を頭《かしら》に「偸組《ぬすみぐみ》」を組織し、戦いで功を挙げたという。また、越中《えっちゅう》の城端《じょうはな》別院（真宗）の門徒たちも、忍びとして活動していたとする伝承がある。

丹波の波多野《はたの》家は、最後まで信長に抗して滅亡したが、忍びを重要視して活用していた。特に、氷上《ひかみ》の波多野主殿守宗長《とのものかみむねなが》は、西波多野大将軍家《にしはたのだいしょうぐんけ》と言われるほど勇武の智将であった。『籾井《もみい》日記』では、「…前略…忍ノ功者ヲ入レテ敵方ノ腹ノ内ヲ分明ニサグリ知テ、武略ヲ当テラル、ヲ肝要ト申候…中略…各大将ガヨク間ト云者ヲ用候ヘバ、神変ノ妙アルト申候…後略…」と記し、忍びを用いて敵の考えを探り作戦を立てれば、神変の妙があると論じている。この史料には丹波忍びの働きが所々に載せられており、活動の様子が窺える。

『村雲流縁起』によれば、丹波忍びは朝廷の村雲御所に縁のある忍びで、古くから村雲党を形成していたという伝承があり、朝廷とも深い関わりをもつ忍びであったとする。

海賊の河野《こうの》家の家伝『予章記《よしょうき》』には、南北朝期の貞治《じょうじ》六年（一三六七）、一族の正岡六郎左衛門《まさおかろくろうざえもん》が城攻めに忍びを使ったことが記され、古くより瀬戸内の水軍でも忍びが活用されていたことが知れる。

なお、『信長公記』には忍びの記述がなく、織田信長は忍びをあまり使わなかったとの説も聞かれるが、諸国の情報を収集分析し、天下布武の道を進め、多くの甲賀の有力武士を家臣としているから、当然ながら忍びを活用していたであろう。家臣団を見ると、甲賀・伊賀との深い関わりが窺える。それは、息子・信雄《のぶかつ》の後見に、甲賀出身といわれる滝川一益《たきがわかずます》と、伊賀の土豪・柘植三郎左衛門《つげさぶろうざえもん》を置いていることからも推測されるのである。

初公開　伊賀衆VS信長「雨乞山籠城掟書」

元亀《げんき》元年（一五七〇）、源氏の名門・佐々木氏の流れを汲《く》む近江の六角氏は、織田信長配下の柴田勝家《しばたかついえ》らの軍勢と対戦した。この野洲川《やすがわ》の合戦で、甲賀衆や伊賀衆は六角側として奮戦したが、敗退。この戦いを境として甲賀の自治組織「惣」は崩壊し、以後、甲賀武士団の多くは信長の支配下に属した。信長に所領を安堵《あんど》された者も多い。

一方、伊賀衆は、なおも徹底抗戦を続けていった。悪党以来の反骨精神である。天正二年（一五七四）に佐々木氏が滅んだあとも、伊賀衆は激しく信長に抵抗した。天正七年（一五七九）には信長の子の信雄が伊賀を攻めるが、伊賀衆は撃退する。しかし、天正九年（一五八一）の信長の圧倒的な大軍による攻撃により壊滅的打撃を受け、伊賀は焦土と化し、武士団は崩壊して「惣国一揆」も消滅した。この戦いは「天正伊賀の乱」といわれ、前後二回に及ぶが、その後も一部の伊賀衆は反乱し、第三次伊賀の乱ともいえる執拗《しつよう》な抵抗を繰り返した。

甲賀境の玉滝あたりを中心とする伊賀衆は、織田勢の大規模攻略を察知して、天正七年、雨乞山《あまごいやま》の山砦《さんさい》に籠城し、全四十八ヵ条の掟書を制定して団結を図った。「雨乞山籠城掟書」には七人の土豪が連名し、籠城を行う際の登城や退城、物資の輸送、警備などの具体的手順や、功を挙げた際の評価や裏切りに対する罰則、忍びの働き等々につき、こと細かに規定している。籠城したのは、土豪をはじめ侍衆とその被官《ひかん》（家来）や下人《げにん》（召使）、百姓衆などで、妻女や子供を城中へ入れることは禁じられていた。

特筆すべきは、忍びの存在を記した当時の史料は今までのところ甲賀、伊賀では見つか

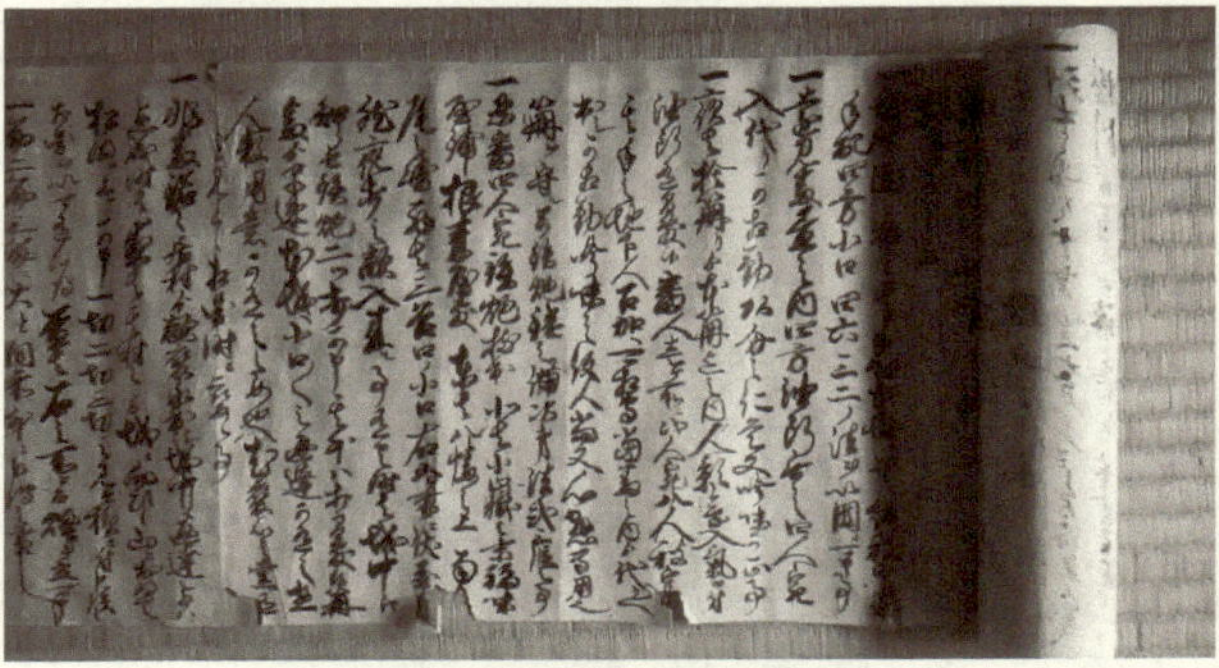

「雨乞山籠城掟書」

っておらず、この「雨乞山籠城掟書」が唯一の文書であることだ。

　この掟書は、幅約二十四センチ、長さは四メートル三十センチもある長い巻物だ。縁故を通じて、伊賀と隣接する甲賀馬杉《ますぎ》の辻家より、隣の野川村《のがわむら》伴家を経て、甲賀伴党に伝来した非常に貴重な史料である。私は甲賀伴党二十一代宗師家としてこれを受け継ぎ、最近、全文の口語訳がおおよそ完成した。以下に、その一部を抜粋して紹介する（ルビは筆者）。「雨乞山籠城掟書」が公開されるのは、これが初めてである。

掟

一、当城を防戦の列士は、牛王宝印《ごおうほういん》に誓い国や家の恥辱、子孫弓矢の冥応《みようおう》を遁《のが》れ難く、相互いに私《わたくし》の邪佞《じやねい》を差し挟まず、皆が一つになるよう助け合い骨折るようにすること。変心の人間が出たときは吟味の上で成敗を加え、隠し置いた者も本人と同様に罪を免れることはできない。
一、城中の列士が評議の上で、軍術の巧者より選び出し、和田右衛門佐《わだうえもんのすけ》を軍奉行に決め、評議所には
山内治部之丞《やまのうちじぶのすけ》　内保但馬守《うちほたしまのかみ》　松山源内《まつやまげんない》　岩田丹後守《いわたたんごのかみ》　服部左衛門佐《はつとりさえもんのすけ》　磯矢甚七郎《いそやじんしちろう》
右の六人を選び、列士が寄って万端を決め、評定役が手組、手配をすること。
（人名は横並びに記載されている／以下略）
一、忍番は四人ずつ鉄砲を持ち出し、北は小獄《こだけ》の来福味屋敷《らいふくみやしき》、根来屋敷《ねごろ》、東は八幡《はちまん》の上、南は尾の崎《おさき》、西は三谷口《みたにぐち》の小口、右五箇所に伏せ置き、自然に夜討の敵が入り来ることがある時は城中へ知らせ鉄砲を二つ打つ（原文ママ）べきこと。その外《ほか》は打って（原文ママ）はいけない。篝番《かがりばん》から召し連れて本城へ小口々への通達を行なうこと。かねてから用意しておくためである。ただし、変心の党があるのを見て合図は時々に変えること。
一、他国が忍びを遣わすことは、被官、村々の百姓より江州《ごうしゅう》の日野《ひの》町人、石部筋《いしべすじ》へ、村人や商人に便り承出《うけだ》し、その方法は肝要である。外は同国の味方があるから、和談内通の工面をして、河合統、楯岡村大井《たておかむらおおい》、柘植統、佐々木、その外を隣に遠兼しなおまた、縁辺の

席で承出すその手筋才覚の各工夫を専一のこと。
一、敵合の際に、忍び夜回りは六組共に一組から三騎ずつを出す。被官、下人を召し連れることは望み次第であるが、一人でも良いが分限相応よりも多く召し連れるのは無用である。
一、被官の働きはその主人より感状を遣わす。尤《もっと》も評議所へ申し出て、検儀の上で、その働きが尊大ならば、評議役より士《さむらい》に取り立てる。地下《じげ》、百姓の働きがあればその功を立てる内容によっては或《あるい》は士に取り立て遣わすこと。
一、被官、下人は申すに及ばず、村々の百姓まで軽い罪としても追放のことは停止し随分と意見を加え、心入りが良くなるようにし、心に得ないのは搦《から》め置く。（以下略）
一、この度の籠城については、家名の上、討死の諸士、列士の内より、家を盛り立て子孫断絶がなく厚く互いに後見すること。
一、当城の一列は一身のようである。孫子に曰《い》う、万死に入って一生を得、また一生は夢の間であり一度は皆死ぬ。恥辱で死ぬよりは義に死を極め、子孫に名誉を残す面目があること。

「雨乞山籠城掟書」を精読する

私がこの掟書を読んで、まず心惹《ひ》かれたのは、冒頭の「皆が一つになるよう助け合い骨折るようにすること」という文言だ。生死を懸けた籠城に際しても、忍びの源泉にある「和」の心が大切にされているのである。さらに「被官、下人は申すに及ばず……」の条では、仲間が悪いことをしたら意見して心が良くなるようにし、追放はしないと言っている。こういうところに、日本人特有の優しさを感じる。

「忍番は四人ずつ鉄砲を持ち出し……」や「敵合の際に、忍び夜回りは六組共に一組から三騎ずつを出す……」の条からは、外からの侵略者に対抗する際、忍びを遣わすことが当然になっていて、その番を置いていたことがわかる。

「他国が忍びを遣わすことは……」の条に出てくる他国の味方は、すべて甲賀境の有力勢である。江州日野は商人の多い町だった。石部は当時の甲賀、今の湖南《こなん》市だ。河合統（党）は北伊賀の土豪、楯岡村の大井一族や柘植統（党）も実力ある北伊賀の勢力であった。

「被官の働きはその主人より感状を遣わす……」の条では、手柄を挙げれば地下（庶民）や百姓であっても侍に取り立てると言っている。これと同様の記述は、伊勢の神宮文庫所蔵の伊賀惣国一揆の記録にも見られる。

この掟書に使われている紙や墨は中世に存在したもので、最初に「掟」と書くのも中世の掟書の体裁である（後世に「掟書」と記すようになった）。江戸期以前に書かれたものであることは、まず間違いないと思われる。

一つだけ気になるのは、冒頭では「和田右衛門佐（甲賀から出た和田一党の人）を軍奉行（戦を導くリーダー）に決め」とあるのに、最後では「軍師　和田右衛門佐」となっていることだ。「軍師」という言葉は、中世の一級文書のなかには出てこず、江戸時代に使われるようになったというのが歴史学の定説なのである。のちに「軍師」と書き入れたのかとも思ったが、筆跡は同じである。

　しかし、この一事を以て「雨乞山籠城掟書」を江戸時代の創作と決め付けることはできないと思う。後世になっ

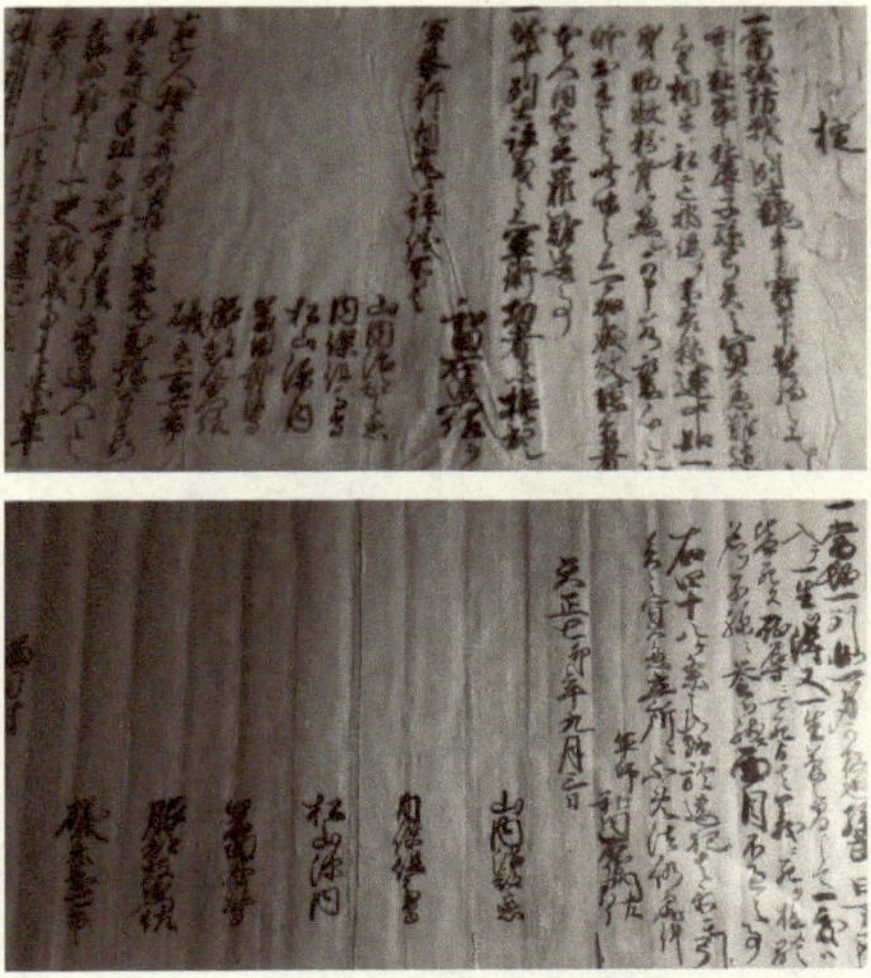

上／掟書の冒頭
下／同・最後

て天正期の掟書を創作することに、価値や意味もないだろう。中世にも「軍師」という言葉があった可能性も否定できず、地域的に「軍奉行」と同義で「軍師」という言葉が使われていたとしても不思議ではない。疑義を持たれる方がおられたら、ぜひ軍師の用語につき深く検証していただきたいと願っている。

なお、この掟書に名を連ねた七人の土豪の子孫は、今もほとんどが残っている。『信長公記』を読むと、信長が伊賀衆を殲滅《せんめつ》したような印象を受けるが、決して根絶やしにしたわけではなかったのである。

信長が最も恐れたのは、百姓衆が力を付けて一向一揆のような反乱を起こすことだった。百姓衆を束ねる土豪たちを皆殺しにすれば、かえって収拾がつかなくなってしまうため、命を奪わなかったのだ。最後の戦いのあった柏原《かしわら》城でも切腹した土豪はおらず、和議を以て開城した。

その当時の伊賀衆の生活様相は不明だが、江戸前期の書『伊乱記』には、聞き伝えられた様子が記されている。

その原文を紹介しておこう。

「…前略…兵術を嗜み、殊に忍びの一道を励む、農奴僕各国風として毎朝寅《とら》ノ刻に起きて午《うま》ノ刻限り面々の家業を勤励し、午ノ刻より後は二ヶ寺に行て遊び、軍術兵道稽古し、別《わけ》而惻《て》隠《そくいん》術を習ひて是を練す、他国にても伊賀者忍びといふて、是を重宝す、…後略…」

信長との近江や伊賀での戦いのあと、伊賀から逃亡した甲賀・伊賀衆は、以前にもまして諸国の大名に取り立てられ、江戸期の忍術諸流成立の原点にもなったと考えられる。

忍びを重用した天下人

豊臣秀吉も忍びを重用した。特に、股肱の臣・蜂須賀小六《はちすかころく》は美濃《みの》の野盗の首領で、土豪でもあったが、透波の働きもしていた。『清正記《きよまさき》』には、秀吉が備中《びっちゅう》攻めに際して伊賀、甲賀の忍びの者に城を探らせたとある。小牧《こまき》・長久手《ながくて》の戦いでも甲賀衆を配している。

子飼いの家臣・福島正則《ふくしままさのり》もまた、甲賀衆と関係が深く、「伴系図」では、正則の妹が伴上野《うえの》家に嫁いでいるとする。福島家には正則の工夫とされる福島流忍術や、熊坂長範を祖とする引光流忍術が伝わったという。

徳川家康も、早くから忍びを多用していた。『改正三河後風土記』などによると、今川《いまがわ》家に属して桶狭間《おけはざま》の合戦で織田方と戦った際、岡部長教《おかべながのり》に属した甲賀・伊賀者を使って、織田方の刈屋城《かりやじょう》を火攻めで落としたという。

今川家が桶狭間の合戦に敗れ、独立した家康は、信長と同盟を図るため、永禄五年（一五六二）、三河西郡《みかわにしごおり》の鵜殿長持《うどのながもち》の城攻めに甲賀から伴太郎左衛門《ばんたろうざえもん》らを招き、夜襲を掛けて勝利したとされる。

天正十年（一五八二）、本能寺《ほんのうじ》の変が起こると、信長の招きで堺《さかい》に滞在中だった家康は急遽《きゅうきょ》、わずかな手勢に護《まも》られて本国三河を目指して帰ることとなった。この逃避行が、徳川幕府の公式記録『徳川実紀《じっき》』に「御生涯御艱難《ごしょうがいごかんなん》の第一」と表現される「神君伊賀越《しんくんいがご》え」である。このとき伊賀・甲賀の武士たちが駆け付け、家康を警衛して案内し、前年に信長に荒らされた伊賀の地を無事に越え、三河へ帰国した話は有名だ。その功により、のちに服部半蔵正成を頭領として伊賀二百人組が結成された。

慶長《けいちょう》五年（一六〇〇）、関ケ原《せきがはら》の合戦の前哨《ぜんしょう》戦である伏見城の戦いでは、甲賀武士が多く徳川方の籠城に加わって大坂方を足止めし、関ヶ原での勝利を導いた。家康は、その功に報いるため、討死した甲賀者の子息らを招き任用して、山岡道阿弥《やまおかどうあみ》を頭に甲賀百人組を編成した。この時代、伊賀・甲賀の武士集団は自立して行動しており、本来の忍びと言えるような存在であった。

「平和安定の時代」へ（江戸期）

江戸幕府の草創期には、いまだ戦国の世風も色濃く、社会も不安定な状態だった。

大坂冬の陣（一六一四年）と夏の陣（一六一五年）では、大坂城に籠《こ》もった豊臣方、攻める徳川方ともに忍びを用いて、諜報や謀略、攪乱工作をしている。

信頼のおける史料ではないが、『山岡家譜』『難波戦記』などによると、徳川方の甲賀組、伊賀組は鉄砲隊として参戦し、斥候の働きや、流言飛語による攪乱、奇襲を行ったとされる。伊賀忍びが大坂方の武将・大野治長《おおのはるなが》の暗殺を企てたと記す史料もあるが、真実は不明だ。

大坂方の真田信繁《さなだのぶしげ》（幸村《ゆきむら》）配下の忍びについても、多くの軍記が活躍の様子を描いているが、創作が多く、あまり信頼できないところも多い。もともと真田家は信州滋野《しげの》一族で、甲賀三郎の末という甲賀望月氏と同族である。忍びも多数召し抱えており、修験道などを介して古くから甲賀・伊賀の忍びと通じていたに違いなかろう。

寛永《かんえい》十四年（一六三七）に勃発《ぼっぱつ》した島原の乱では、甲賀より十人の忍びが志願し参戦した。『鵜飼勝山実記』などに活躍の詳細が残されており、相応の働きをしたように見受けられる。これが、実戦としての本来の忍びの活動の最後となった。

島原の乱に参加した甲賀の芥川氏は、のちに戸田《とだ》松平家（信州松本《まつもと》藩主）に召し抱えられ、「忍術の芥川」として有名になった。藩の御家騒動（戸田図書事件）で活躍するも連座して処分を受けるが、家業の忍術を重用されて復帰。幕末まで忍びの職務に従事し、長崎から蝦夷《えぞ》松前《まつまえ》まで隠術（忍術）修行を建前に、御内御用（藩主の密命）を受けて諸藩の動きを探索した。著書に『道中日記』『諸事記録』が残り、その行程や調査の実態を知ることができる。

島原の乱を最後に平和が到来して世の治安は安定し、忍び本来の活動である間諜と奇襲が一体となった任務は終焉《しゅうえん》した。以後は、治安維持活動として諸藩の探索を主とする隠密《おんみつ》（密偵）へと、業務が変わっていった。

甲賀には、城や城下、要人、城内の武備などの調査や、キリシタンの探索などの記録が伝わっている。伊賀者たちに関しても、同様の活動をしていたことを窺わせる史料が残っており、隠密御用に従事していたのだと思われる。

忍びの百科事典『万川集海』

慶安《けいあん》四年（一六五一）の由井《ゆい》（由比）正雪《しょうせつ》の乱では、幕閣の中根《なかね》正盛《まさもり》が、俗に「廻国《かいこく》者《もの》」と呼ばれる配下の与力二十二騎を駿府《すんぷ》に派遣し、探索したとされる。廻国者は、忍びや隠密ではない。すでにこの当時、探索は、忍びに長けた甲賀、伊賀の者以外でも行われていたのである。

この頃から国内での争乱もなくなり安定した時代が続き、かつて行われてきた兵法や武芸を後世に伝承するため諸流が立てられ、整理、体系付けられるようになってきた。忍術も同様に、まとめが行われたり、武士の芸として流儀を興して伝えられたりして、兵法や武術のうちに含まれるものとして解説されるようにもなった。

伊賀、甲賀では、当時の忍びの諸家に伝わった技術を集大成し、万の川の水が海に集まるようにと『万川集海』と名付けて整理された。『万川集海』には、それまでの術技が「忍びの者の百科事典」とも言えるほどの驚くべき規模で網羅されている。

著者は、奥付などにより伊賀の藤林《ふじばやし》氏とされるのが一応の定説だ。『万川集海』は伊賀と甲賀に伝わる二種があり、甲賀本には序文に「延宝《えんぽう》四年（一六七六）江州甲賀郡隠士藤林保武《やすたけ》（保義《やすよし》）序」とあり、伊賀本は「藤林氏序」あるいは「藤林左武次《さぶじ》」とのみ記している。

藤林氏は、甲賀との境に位置する湯船《ゆぶね》の郷士だ。湯船は、近代に入っても隣接する甲賀郡馬杉と境界が不分明な地だった。そのため、甲賀本は著者の藤林氏を甲賀の隠士としたのではないかという説がある。また、寛政《かんせい》元年（一七八九）に甲賀古士が幕府への奉公願いに付す際の都合で記したとする説もある。いずれにせよ、もとは伊賀に伝来した書であるのは間違いないだろう。

『万川集海』を巡る異見

伊賀の郷土史研究家の川合忠一氏は、由緒書や系図、檀家の記録などから『万川集海』の著者を考察し、一応は藤林家の二代目伝五郎（左武次）保道《やすみち》にあたるだろうと推論された。

保道は、元禄十四年（一七〇一）に伊賀者として藤堂《とうどう》家に召し抱えられ、姓を冨治林《ふじばやし》（冨士林とも）に改めている。

ただ、冨治林家に後年残っていた蔵書目録には「万川集海　六冊」とされ、二十一冊の伝来本との冊数が異なることから、『万川集海』は冨治林家の外で延宝四年以前に大筋はできていたのでは、と、川合氏は推論されている。

この異見の要点は、『万川集海』には別本があり、延宝四年以前に冨治林家以外で大略が成立していたのではないかとするところだ。この説を裏付ける史料に、伊賀者が記した覚書の写し数点が残っている。

冨治林氏が藤堂家の伊賀者に取り立てられた際、忍術伝書を所持しておらず、相伝を請われ伊賀者仲間の秘伝書『聚要備録《しゅうようびろく》』（内容、成立年不詳）を与えたところ、その後、学問に精を出して軍談物などを取り集めてこの書に付し、『万川集海』と改題し伝授していると、覚書を記した伊賀者は憤慨している。

甲賀の「辻氏家伝」では、辻一務《いちむ》の忍術伝書『間林精要《かんりんせいよう》』（江戸初期成立）が、伊賀者の『聚要備録』に含まれているとされている。『万川集海』の序文に参考文献として示されている『間林精要』の書名とも合致し、かなり興味深い記録である。川合氏の指摘された、延宝四年以前の成立説とも符合することとなろう。

なお、この覚書の奥付は伊賀者十四人（姓名不記載）とし、冨治林氏やその門弟である伊賀者・稲増《いなます》氏が金銭を受け取り、『万川集海』を使って他国者にも忍術を伝授していることにも、十四人の伊賀者たちは憤慨している。

大名付き忍びの活躍

忍びは幕府だけでなく、諸藩でも戦国期より召し抱えていたところもあった。また、江戸時代に入ってから採用したケースも多かった。これは、幕府が出陣の際の軍役規定に、一万石以上の大名は忍びの者を置くと定めていたことにもよるだろうが、幕府の隠密に対抗したり、藩内の秩序を保つためさまざまな調査を必要とするという行政上の理由もあっただろう。

諸藩の忍びは、城下に住まい、藩主の警護、幕府と同様に国内外の動静や風聞、一揆などの探索の任に当たることが、主な職務であった。

藩の忍びの活動が具体的にわかる史料として、岡山藩には伊賀者の記録が残っている。浅野《あさの》内匠頭《たくみのかみ》の刃傷《にんじよう》事件の直後、赤穂《あこう》に入り動静を探索したときの記録で、姫路《ひめじ》藩や龍野《たつの》藩の伊賀者に赤穂で出会ったとある。忍びの習いとして、情報交換をしていたのだろうか。

岡山藩では、維新の際の箱館《はこだて》戦争のときにも、忍びを用いて蝦夷探索を行っている。このような活動が、少なからず諸藩でも行われてきたであろうことは想像に難くない。

忍者の本拠である伊賀では、藤堂家の忍びの者の活動の記録が末裔の家に残っており、幕末の黒船来航の際、浦賀《うらが》へ出向いてアメリカ軍艦の様子を探索したことが記されている。

これらの忍びは、藩内に定住して役職に当たっているが、岸和田《きしわだ》の岡部家や尾張徳川家に仕えた甲賀の者は、そのほとんどが在郷のまま給を受け、家業のかたわら先祖伝来の忍術を幕末、明治頃まで伝えていった。

多様化する忍者文化

忍びや忍術の存在は、江戸中期には演芸や小説などで大衆にも認知されていった。だが、姿を変じ隠れて行動する術というより、不可思議な妖術か幻術のように思われていたようだ。

歌舞伎が庶民の娯楽として定着し、回り舞台やセリが考案されると、当時の人々がイメージする忍者像も多彩となり、さまざまな場面が演じられ、その錦絵《にしきえ》も製作され頒布された。今も歌舞伎の人気演目である『伽羅先代萩《めいぼくせんだいはぎ》』では、鼠の妖術を使う仁木弾正《にっきだんじょう》が印を結び巻物をくわえて、スッポンという花道の小さなセリから「ドロドロドロ」という鳴り物とともに現れる。このスッポンや鳴り物は、忍術使いや幽霊など非現実的な役の出入りにのみ使われる。忍者が隠れるときにドロンというのは、歌舞伎の鳴り物になぞらえた表現であるという。蝦蟇《がま》の妖術を使う神出鬼没の天竺徳兵衛《てんじくとくべえ》や児雷也《じらいや》も、歌舞伎で人気を博した。

この頃には、市井でも忍術を見世物として演じる者が出てきて、大衆に迎合した忍術ショーが座敷芸として演じられてもいたようである。

現代人のイメージする忍者の黒装束姿は、葛飾北斎《かつしかほくさい》の画集『北斎漫画』や『絵本太閤《たいこう》記《き》』に見られるが、当時の庶民にとっては、忍者というより盗賊に近かったのではなかろうか。その姿は、江戸後期に編まれた忍術伝書にも取り入れられており、面白い現象である。

こうして江戸期には、人々の想像のなかから、さまざまな忍者像が生まれていった。現代へと続く、忍者文化の多様性の始まりである。

第四章　忍術の活用

現代に活かす忍術の極意

これまで述べてきたように、私は六歳のときから現在に至るまで忍術修行を積み重ねてきた。会社勤めをしていた頃は、技術職だったため仕事が定時に終わることは稀《まれ》で、夜の九時、十時に帰宅したあと、食事もそこそこに数時間のトレーニングと古文書などの研究をこなした。睡眠時間は三時間くらいしかとれず、翌日はまた早起きをして出勤するという毎日。そのなかで一ヵ月の断食修行も実践し、日常すべてが鍛錬となっていた。

サラリーマン時代の約三十年間は、鍛錬しないと衰えるという強迫観念から、毎晩、丑《うし》三時《みつどき》に鉄球を叩《たた》きまくっていたため、手指はタコだらけだった。会社の人に、

「お前はいつも尖《とが》っとる。なんでそんなに怒っとるんや」

と言われたこともある。別に怒っているわけではないのだが、いつの間にかそんな雰囲気を漂わせていたらしい。

対人関係では、ものごとを裏読みしすぎて素直になれない傾向もあったが、修行で体得した術技により、組織の状況や人間関係などを客観的に観察することができた。

心の面では、「なにごとも堪忍すれば、為せば成る」ことを実感した。

また、修行によって、固定観念を離れて融通無碍《むげ》に行動できるようになり、決断力がつき、三病（恐れ、侮り、考えすぎ）の克服も果たすことができた。

もともと私は慎重に行動する方で、若い頃には、「石橋を叩いて渡る人はたくさんおるけど、あんたは石橋を叩いて叩いて叩きまくって、砕いて渡れなくなってしまう人間や」と言われたほど、考えすぎのところがあった。今では、考えすぎてマイナス思考に陥ることはなく、「人事を尽くして天命を待つ」心境になっている。最後は運を天に任せてエイヤーと行動するが、そうなるまでは、自分にできるあらゆることをやっておこうという考えだ。

古文書研究を通した知の面では、農耕定住の村社会より起こった「和」を貴ぶ日本文化の基層、深層に気付き、古今東西、人間の本質は変わらず、歴史は繰り返すことを学んだ。「歴史を知れば未来がわかる」とよく言われるが、まさにそのとおりだと思う。

このように、私は忍術修行や古文書研究から多くのことを学んだ。

本書の冒頭で述べたように、忍術における実践技術は古典的な軍用技術なので、現代では通用しないものも多い。敵の存在を察知する術はレーダーにとって代わられ、飛び道具はミサイルに進化している。

しかし、忍者が鍛錬を通して身に付けた術技のなかには、現代社会を生き抜くための術として活用できるものも多々ある。この章では、現代に活《い》かせる忍術の数々をご紹介しよう。

情報を収集し分析する手法

【視・観・察】

忍び働きをする際には、敵地に潜入する前に「視・観・察」で相手の全体像を把握し、状況を判断していた。視は、部分的に細やかに分析すること。観は、全貌《ぜんぼう》を大局的に判断すること。察は、現れた現象の深層を探ることだ。

この心得は、市場開拓、販路の拡大、新しいビジネスを立ち上げるときの事前調査などに応用できる。

【孫子の五事《ごじ》七計《しちけい》】

『孫子』は、紀元前五世紀半ばから前四世紀半ばに成立したとされる兵法書だ。兵法の書ではあるが、敵味方の実情の分析比較、交渉、計略（はかりごと）などにより「戦わずして勝つ」ことを本義としており、忍びの精神と相通ずるところがある。人事万般の普遍的な教訓が多く、現代にも通じる。中国兵法の代表的古典、武経七書《ぶけいしちしょ》（『孫子』『呉子《ごし》』『尉繚子《うつりょうし》』『六韜《りくとう》』『三略《さんりゃく》』『司馬法《しばほう》』『李衛公問対《りえいこうもんたい》』）のなかでも、『孫子』が最も優れていると私は思う。

「五事七計」は、十三篇から成る『孫子』の序論である「計篇」に出てくる言葉だ。戦争をするかどうか決断する前に、敵味方の五事（道、天、地、将、法）と七計（倫理、能力、天地、法治、強弱、訓練、公平性）の実情を分析比較しなければいけないと説いている。

具体的に、「五事」とは次のことだ。（　）内は、私が現代に置き換えたものである。

・道…為政者と民の心が一つになるような政治のあり方（組織のモラル）。
・天…季節、天候などの自然（タイミング）。
・地…地理、地形（ポジション）。
・将…戦争の指揮者の力量（リーダーの力量）。
・法…軍隊の編制、軍の制度・規律（組織を動かすシステム）。

これら五つの実情を、次の「七計」によって分析比較する。

・敵味方、どちらの君主が道徳的か（トップの倫理観）。

・将はどちらが優秀か（リーダーの能力）。
・天の利、地の利はどちらに有利か（タイミング、ポジション）。
・軍規はどちらが厳格に守られているか（組織としての法治性）。
・軍隊はどちらが強いか（組織としての力量）。
・兵卒はどちらがよく訓練されているか（組織を構成する人たちの熟練度）。
・信賞必罰はどちらが厳正か（判断と評価の公平性）。

これらを相対的に見て、自分と相手の優位点と劣っている点を比較し、充分な勝算が見込めるなら戦いに打って出る、ということだ。

実際に忍者たちは、リーダーがいて、実際に動く人がいて、五事七計にあたるさまざまな情報を収集し、リーダーに報告していた。リーダーは、それらの情報から相手と自分の状況や力量を比較し、勝算を確信したうえで具体的な忍び働きをしていた。そして必ず敵に勝つ。つまり五事七計とは、自分たちが優位に立つための戦略だ。

この考え方をビジネス社会に応用し、いろいろな工作や宣伝などをすれば、仕事を成功に導くことができる。現代の視点から『孫子』を勉強することは、きわめて有意義だと思う。

なお、「五事七計」は、そっくりそのまま『万川集海』の序文に入っている。そのため忍術の起源を『孫子』とする説もあるが、それは誤りだ。『孫子』の内容は誰にでも理解しやすいので、江戸時代に『万川集海』が編まれたときに取り入れられたのであろう。

処世の知恵

【五欲、七情、虚実の転換の応用】

忍びの調略術は、本質的な人間の心の弱さを突いて攻撃し、情報を主とした大切なものを奪い取る術だ。第一章で述べた「五欲（食・色・物・風流・名誉）」や「七情（喜・怒・哀・楽・愛・悪・欲）」、思い込みや錯覚を利用した「虚実の転換」などを、巧みに利用していた。

たとえば、「自分は能力があるのに周囲が認めてくれていない」と思い込んでいる人を、おだてたり脅したりする。そして、その人の五欲に応じて金、地位、名誉、異性などを摑《つか》ませる。摑ませた途端に相手の弱みを握ったことになるので、極秘情報を盗ませたり、敵を内部から崩壊させたりと、意のままに操ることができる。

これはビジネスの現場に応用可能だが、倫理的には問題がある。私が求めるのは、人を陥れたりライバルの組織を攻撃したりする方向ではない。人間の心理を熟知することにより、仲間たちとのチームワークの向上を図ったり、人間関係の構築をスムーズにして自分が少し優位に立つ、といった方向だ。

また、人間心理を利用した調略のテクニックを知っておけば、自分自身がヘンなものに騙《だま》されにくくなる。人を疑ってばかりいるのはよくないが、「相手の言っていることは本当か？」と思いながら接することも大事だ。「自分は絶対にそんな手に引っかからない」と自信満々の人ほど、逆に詐欺などに引っかかりやすい。そういうところが人間はやはり弱いので、忍者の調略術には利用価値があると思う。

【目付之大事《めつけのだいじ》】

最近は相手の目を見て話す人が少なくなったようだが、目を見て話せば相手の心がわかりやすくなる。忍者は、目の動きを利用して相手の気持ちを察したり、動揺させたり、嘘を言っているかどうか探ったりした。これらは非常に難しいが、相手と対峙《たいじ》するときには目の使い方が重要なので練習しなければいけない。これを「目付之大事」といい、現代でも対人関係で役に立つ。実際の目の使い方は、目的によって次のようなものがある。

・相手の心のなかに入り込む…単に相手の目を見るのではなく、相手の瞳《ひとみ》のなかに映った自分の姿をじっと見る。そうすると真剣さが伝わり、自分を強く印象づけることができる。

・相手に信頼させながら自分の心を読まれにくくする…相手の眉間《みけん》の辺りを見る。相手は真剣に目を見られているように思って信頼してくれるが、こちらは目を見ているわけではなく目の周りを見ているので、心を読まれにくくなる。

・自分の心を読ませない…なるべく目をそらし、相手と視線を合わせないようにする。ただ、目をそらしてばかりいると下心があるように思われやすく、まばたきが頻繁だと嘘をついているように見えるので、そのあたりの兼ね合いは重要だ。逆に、わざと目をそらしたり、まばたきを頻繁にしたりして、自分を誤解させることもできる。

【眸子《ぼうし》之位《のくらい》（二星之《ふたぼしの》目《め》付《つけ》、死眼《しにめ》之心得）】

眸子とは瞳のことだ。眸子之位は、瞳の置き所、つまり目の付け所のことを言う。

二星之目付は、相手と戦うときに、二つの目（二星）で相手の肩か手を見ることだ。よく、武術では相手の目を見ることが肝心と言われるが、目を見ると相手にこちらの動きを読まれる可能性があるし、足もとを蹴《け》られそうになっても気付きにくいので、相手の手や肩に目を付けておくのがよい。これが二星之目付で、武術の極意書にも書かれている。現代人は、護身術の一つとして活用可能だろう。

一方、死眼は三白眼のことで、相手を脅したり威嚇したりするとき使われる。『ゴルゴ13』のゴルゴの目のイメージだ。死眼ですごむ（いわゆるガンをとばす）と、相手は萎縮《いしゅく》するか気分を害す。相手が同じような性格だと喧嘩《けんか》になるので、わざと喧嘩を売るときにも使われる。無用な喧嘩をしないために、死眼之心得を心にとどめておくとよいだろう。

危険回避と護身

【地震、火事の際の対処法】

・地震のときの対処…忍者の心得の一つに、「外を歩くときは建物の際《きわ》を歩け」がある。建物から少し離れて歩くより、すぐ際を歩く方が敵に囲まれにくく、上から物を落とされたときにも有効だからだ。建物の上から物を落とすとき、真下に落とすことはまずない。そのつもりで落としたとしても、必ず放物線を描いて少し離れたところに落ちてくる。

地震のときも同様で、上からの落下物を避けるには建物の際を歩く方が安全だ。すべてのケースに当てはまるわけではないが、昔の人の経験則には今も役立つものがあるという意味で、参考にできると思う。

・火や煙への対処…身を低くして伏せ、濡《ぬ》らした布で口を覆うのが昔からの基本だ。武術の奥義書にもそう書いてある。特に忍びの者は、焼き働き（放火、焼き打ち）をよくやるので、火や煙への対処法をよく知っていた。火事で亡くなる人は、火でやられるのではなく、吸った煙が肺に入ってやられてしまうことが多い。煙は軽いから上の方にいくので、それを避けるために身を低くするのがいちばんよい。

【護身法（自衛、制敵）】

①自衛

・防御の姿勢…防御の基本は伏せ身だ。忍術では、鉄砲で攻撃されたときは身を伏せて頭を護《まも》れと言われていた。危機が迫ると、動物は本能的に体のなかでいちばん大事な部位を護ろうとする。ボクサーは脇をしめて相手のパンチから顔や頭を護ろうとするし、子供が親にゲンコツをもらいそうになるときも、「あっ、勘弁して」と咄嗟《とっさ》に頭に手をやる。猿も同じようにすると言われている。そういう自然の本能があることを知り、習慣化させることが自衛につながる。

・外を歩くときは建物の角を占める…敵が潜んでいるのは、たいてい物陰だ。建物でいえば角（コーナー）のところで待ち伏せしている。自分も建物の角を占めて歩けば、互いに際と際にいるので、敵はかえって攻めにくくなる。武術書でも同様のことが言われ、「不穏な気配を感じたときは、刀の鞘《さや》に羽織をかけて建物の角からわざと出し、敵が斬りつけてくるかどうか見ろ」という心得がある。こうした教えは、なんとなく知っているだけではダメだ。日頃から意識して習慣化しておかないと、いざというとき役に立たない。

・気を察する…忍術修行を続けると、殺気を感じるようになると言われる。心身を鋭敏にする鍛錬を持続すると、本能が目覚めて第六感が働くようになるのだろう。警察官がパトロール中に犯罪者を見つけるのも、不審な気を察しているからだ。一般の人には難しいかもしれないが、訓練次第では、危険回避が自然とできるようになっていくかもしれない。

②制敵

・身近な物で相手の急所を攻め、逃げる…「敵を制する」といっても、勇ましいことをする必要はない。相手が強ければこちらが負けてしまうので、とにかく逃げて自分の身を護ることが大切だ。相手のいちばん弱いところや急所を攻め、そして逃げる。そのときには、身近にあるあらゆる物を使う。

たとえば、屋外なら砂をかける、石を投げる。屋内なら、茶碗《ちゃわん》や皿を投げつける、ペンや定規があればそれで相手を突く。そういう方法を知っておき、普段から実際にやってみて、反射的にできるようにしておくとよい。

・相手の目を攻撃する…制敵の基本である。どんな強い人も、目をやられたら終わりだ。最も効果があるのは、手でバチーンと思いっきり相手の目元をひっぱたくことだ。単純すぎると思うかもしれないが、護身というのは、難しい武術を歳月をかけて体得するものではない。その場ですぐできるような単純なものでよいのである。

指で相手の目を突くのは難しく、ほとんどの人はできない。「相手の目が潰《つぶ》れたらどうしよう」と躊躇《ちゅうちょ》するからだ。その躊躇が、自分がやられてしまう元凶になる。また、今の女性は痴漢対策に催涙スプレーを携帯している人が多いが、いざとなったらバッグから出す間に襲われてしまう。

それよりも、手で相手の目をひっぱたく方が手っ取り早く、躊躇せずにできる。それで相手の目が潰れることは、よほどタイミングよく当たらない限りないから、過剰防衛を心配する必要もない。こういう単純で効果的な防御法を普段から練習し、躊躇なくできるようにしておく。非力な者が敵を制して逃げるには、それしかない。

【サバイバル技術】

スマートフォンは便利なツールだが、大災害のとき、スムーズに使えるかどうかはわからないし、スマホにはできないこともある。有事のときに備えて、忍術をサバイバル技術の一つとして活用できるようにしておくとよい。

・火のないところに火を起こす…火を起こす方法を、私は石田先生からいくつも習った。木と木を擦《こす》り合わせたり、レンズで太陽の光を黒点に集めたり……。余談だが、火を起こすのに最適な木は檜《ひのき》だ。火を起こす木だから「ヒノキ」と言う。

火を起こすときにいちばん重要なのは火口《ほくち》だ。火打石で打ち出した火を移し取るもので、昔はそれにフーフー息を吹きかけてから行灯《あんどん》などに火をつけていた。火口がないと、薪などに火はつけられない。忍者は火口を前々から準備し、打竹に入れて欠かさず持ち歩き、それを火種にしていた。火口としては麻の黒焼きがよく、そこに硝石を混ぜておくと、なおよい。

・水のないところで水を飲む…水を探す方法は、忍術書には「鳥の羽を何本か地面に突き刺す。羽が湿ったところには水がある」と書かれているが、やってみて机上論だとわかった。

いちばん簡単なのは、雨合羽を地面に置き、土のなかの湿気を集めることだ。昔の雨合羽には木の実の油が塗ってあったので、地面に置くと表面に露が浮いた。こうして水のないところで水を得ていたのである。今なら、雨合羽の代わりにポリ袋を地面に置いておけば、表面に水滴が溜《た》まってくる。水のないところでは、わずかな水滴があるだけでもありがたい。

【危険回避の心得】

①危険なところには近付かない

戦国時代の兵法家・塚原卜伝《つかはらぼくでん》にはさまざまな伝説があり、講談などで語られてきた。卜伝には何人か息子がいて、そのうちの誰に免許を与えるか決めるとき、息子たちを一人ずつ部屋に呼び、入ってくるたびに入口の上から枕を落とした。すると、一人はその枕をかわした。一人は刀でスパッと斬った。もう一人は、落ちる前に枕をそっと取り上げ、用心しながら部屋に入った。卜伝は、用心しながら部屋に入った息子に免許を与えたという話がある。

また、町なかで馬が暴れているところに卜伝がやってきたので、人々は卜伝がどうするかと思い見ていたところ、避けて遠回りして行ったという話もある。名人はそうやって用心し、危険な場所には近付かない、という心得を示す話だ。現代人もこれに学ぶべきであろう。

②何かあったときのために逃げ道を作っておく

武芸書には「用心」や「心得」と書いてあり、忍術でも同じことが心得とされている。私もホテルに泊まるときや講演会場では、非常口の場所をまず確認し、何かあったときはどうやって逃げるか考えている。特に初めての場所では、まず逃げ場を確保することが肝心だ。

日常的に乗っている電車でも、脱出用の非常コックや消火器がどこにあるか知り、その近くにいるようにするといい。一生の間に電車事故に遭う確率はきわめて低いが、不幸にして事故に遭遇した人は、亡くなったり怪我をしたりする。万が一のときの逃げ方を知っておくことは、日頃の心得として重要だ。

③寝る前に必ず戸締りをする

当たり前のことだが、つい油断してしまう人は多い。泥棒や暴漢は、鍵《かぎ》のかかっていないところをまず探す。目立てばすぐに捕まるから、わざわざ鍵をこじ開けてまで侵入する悪者は非常に少ないのだ。「うちは大丈夫だろう」と根拠のない安心をせず、戸締りを習慣化することが大切だ。

④常在戦場

私が子供の頃、電車の座席に荷物を残して食堂車に食べに行く人はいなかった。社会全体が貧しい時代で、どんなに重い鞄《かばん》でも自分の手で持っていないと盗まれそうで不安だったからだ。豊かになった現代でも、こうした心構えは必要で、万が一のために備えだけはしておくべきだ。これを「常在戦場」という。いつも戦時体制にしておくという意味である。

江戸後期の伊賀組同心で兵法家でもあった平山行蔵《ひらやまこうぞう》が、そういう考えであった。平山は伊賀者で、講武実用流《こうぶじつようりゅう》という剣術流派を興した人だ。彼の門人には、勝海舟《かつかいしゅう》の父親である勝小吉《こきち》もいた。平山は、毎朝七尺の棒を五百回振り、長さ四尺、幅三寸の居合刀を二百～三百回抜き、読書するときも欅《けやき》の板を両手で叩いて鍛錬し、食事はいつも玄米、真冬でも土間で布団を使わずに寝るという暮らしを続けたという。まさに常在戦場だ。

健康の維持と増進

【忍術鍛錬法の応用】

・腹式呼吸…腹式呼吸をすると気持ちが落ち着き、体だけでなく心の健康にもよい。

・中腰でゆっくり歩く…まず、腰を落として重心を下げ、膝《ひざ》を自分の限界まで曲げる。すると足に負担がかかり、腿《もも》や膝がブルブル震えてくる。その状態で、腰の高さを変えずにゆっくり歩く。慣れたら距離を延ばしていき、右回りや左回りで「8」の字に動いたり、樹木の間を歩き回ったりする。非常につらい歩き方だが、運動効果が非常に高い。太極拳《たいきょくけん》や日本舞踊も中腰で長くゆっくり動くので同様だ。呼吸と合わせながら足を動かしていくと、足腰が鍛えられ、素早く動けるようになる。

なお、膝を曲げるときは、あくまでも自分ができる範囲の限界にとどめないと膝を痛めてしまう。身体鍛錬では、「自分の限界を知っておき、無理をしないこと」が重要だ。

・心身の操法…普段あまり使わない筋肉を適度に使い、運動域を広げていく。たとえば、私は肩や膝をぐるぐると回してよく動くようにしているので、五十肩になったことはないし、今のところ腰痛や膝痛もない。

・手足の指を動かす…忍者修行では、敵を捕まえたり、塀によじ登ったりするための鍛錬として行なう。足の指はなかなか動かせない人が多いが、小さい頃から動かす訓練をすると、すべての指が自在に動かせるようになる。
医師に聞くと、手足の指をよく動かすと脳が活性化し、認知症予防に良いそうだ。その意味では、複雑な印を結んで行なう九字護身法にも健康効果があると言えそうだ。ただし、複雑な指の動きが上手にできるようになると、そこで効果はストップしてしまうので、違う動きを練習する必要があるという。

・踵《かかと》を浮かせて動き回る…昔の雑兵は、戦のとき、踵の部分がない草鞋《わらじ》を履いていた。

普通の草鞋だと石を噛《か》んで走りにくくなり、動きが悪くなるからだ。それに、日本の土地は起伏が多く、でこぼこだらけの道だったので、踵をつかずつま先だけの方が歩きやすく、バランスもとりやすかった。

つま先立ちで歩いたり走ったりすると足指の鍛錬になり、足の指がよく動くようになる。若い頃、できれば子供の頃からやるとよい。幼児の足指は非常によく動くが、成長するにつれて踵をつけた歩き方になるので、徐々に退化して指の動きが悪くなってしまうからだ。忍者修行が幼少時から行なわれたのは、足指がよく動く年齢のうちから鍛える、という意味合いもあったのだ。

足指の動きを良くしようと思うのなら、つま先だけしかない健康サンダルを履くといい。踵がいつも浮いている状態になるので、それなりに効果はあるはずだ。

・裸足《はだし》の勧め…足指や足の裏を鍛えるには、裸足でいるのがいちばんだ。私は中学生時代、登校は素足に高下駄、学校のなかでは真冬でも靴も靴下も履かなかった。高等専門学校でも体育の時間はいつも裸足で、マラソンのときもでこぼこ道を裸足で走っていた。おかげで、足の裏はかなり分厚く頑丈だった。裸足に慣れると多少の石ころを踏んでも平気になり、足の裏がとても強くなる。鍛えないと衰えていくばかりだ。最近は、冬でも園児が裸足でいる幼稚園もあり、その方が体は丈夫になると言われている。

【薬草の活用、養生食】

忍びの修行では、滋養強壮に効果のある植物についても習う。なかでも碇草《いかりそう》という多年草は精力増強に効果が高いとされ、その抽出成分（碇草エキス）は男性用の精力剤に必ずと言っていいほど入っている。碇草の名は、春になると碇の形に似た花をつけることに由来するが、「大事なところがよくイカル」とこじつけられるほど、男性を元気にするとされている。

碇草は野山に群生し、春先に花が咲くと、特徴的な花弁の形からすぐわかる。私は家の周りに植えているが、丈夫であまり枯れない。味はけっこういいが、効き目がきついので常用するのはよくないと医師は言っていた。

ほかに、ハーブの類《たぐい》や自然食品系のサプリメントのように常用してもあまり体に影響のないものは、養生食として使えるのではないかと思う。

【老化を防ぐ五感の向上】

五感の向上法は第二章でもいろいろ述べたので、ここでは「老化防止」に的を絞る。五感を鋭敏にする鍛錬を日頃からやっていると、老化しにくくなるというのが私の実感だ。

・映像記憶で目の感覚を研ぎ澄ます…五感のなかで、訓練による効果がいちばんわかりやすいのは目だ。私がやっているのは、もの（たとえば部屋のなかなど）を見るとき四隅をいっぺんに見て、映像として頭に入れようとする鍛錬だ。速読法ではページをめくるたびに映像として内容を記憶するというが、それと同様の、一種の映像記憶である。私は、これを続けるうちに目の感覚が研ぎ澄まされ、なにかあったときパッと避けられるようになった。その効果なのか、昭和二十四年（一九四九）生まれだが老眼鏡を必要としない。

ほかに、目玉をよく動かすと白内障が緩和されるとか、硬くなった目の筋肉が多少軟らかくなり仮性近視ぐらいなら治る、という話も聞いたことがある。

・耳を澄ます…耳を澄まして意識を集中して聴くと、認知症予防に良いといわれる。歳をとってくると、なにかに意識を集中するのが億劫《おっくう》になってくるので、それを防止する意味で効果があるのだと思われる。

・きつい味のものを避ける…年齢が上がるにつれて辛いものが好きになるのは、味覚が衰えてきているからだという。また、普段から味のきついものばかり食べていると、微妙な味がわからなくなってしまう。したがって、日頃から出汁《だし》などの旨味《うまみ》で味付けしたものを食べ、微妙な味がわかるようにしておくことが大切だ。

・香道などで嗅覚《きゅうかく》を敏感にする…忍者は暗闇のなかで敵の接近を察し、死臭、火や煙の臭いをいち早く知らなければならないので、嗅覚の訓練もかなり実践していた。嗅覚の向上というよりは、さまざまな匂いの変化を察知するための訓練だ。現代人ができそうな訓練としては香道が挙げられる。集中して匂いを聞くと感覚が鋭敏になり、いろいろな匂いの変化を察することができるようになる。

【忍者的生活の勧め】

・質素倹約の健康生活法…贅沢《ぜいたく》をせず、満腹になるまで飲み食いしない。飽食の時代には難しいかもしれないが、これを日常生活で意識するだけで、健康の維持増進ができると私は思っている。忍者の身体鍛錬には運動器具もジム通いも必要ないし、昔は飽食など思いもよらなかった。忍者的生活は、健康の維持増進にとても良かったのである。ちなみに、私はケチではないが贅沢はしない。食事はいつも腹七分だ。

・真のミニマリストをめざす…近年、身の回りのモノをできるだけ減らして最小限のモノだけで暮らすミニマリストが注目されている。日本は自然災害が多く、スマホも携帯電話も使えず、食料も飲み水もないという状況が、いつ起こるかわからない。贅沢で便利な生活であればあるほど、いざというときに困る。必要最小限のモノで済ませる生活を、普段から癖にしておこう。さらに、健康に支障がない程度の断食を経験しておけば、数日間なにも食べられなくなったとしても、心に余裕が持てるはずだ。今の社会システムなら、その間にしかるべき機関が動いてくれる。忍者的生活の第一歩として、「ちょっと不自由を感じる経験」を生活のなかでしておくと良い。

・清潔に関して過剰にならない…アジアの青少年が船のなかで長期間生活をしたとき、日本の子供たちはすぐに下痢をしたという。日本では「清潔」が過剰なまでに重視され、子供たちは潔癖な環境に慣れすぎて、抵抗力や生命力が弱くなっているような気がする。もちろん清潔は悪いことではないが、度が過ぎると有事のとき難儀するのではなかろうか。

・先人の知恵を尊重する…東日本大震災のときにも言われたことだが、大昔に大規模な災害被害のあった場所には、それが地名として残っていることが多い。いわば先人の知恵だ。それを無視して聞こえの良い地名に変えてしまうと、先人の経験が活かされなくなってしまう。元来、人間は経験でものを憶《おぼ》え、本能で危険を察する生き物だ。それは感覚を鋭敏にしなければできない。先人の知恵の尊重も、感覚を鋭敏にすることの一つだと思う。

将来予見の参考とする――忍者の占い

忍者がやっていた占いはたくさんある。いずれも科学的根拠はないが、「こういうことも忍者はやっていたんだな」と思いながらゲーム感覚で行ない、いい卦《け》が出たら安心し、悪い卦が出たら用心を心掛けるというように、プラスの方向に活用すれば楽しいだろう。ただし、占いは人を思いのままに誘導できる危険もはらんでいるので、妄信してのめり込むのは禁物。あくまでも娯楽として行なってほしい。以下に、主な忍者の占いを紹介しよう。

・八門遁甲《はちもんとんこう》…奇門《きもん》遁甲ともいう。もともとは陰陽五行の考え方から発した中国の占術だ。二十四節気《にじゅうしせっき》や干支《えと》から遁甲局数という数字を割り出し、それをもとに遁甲盤という特殊な盤を作って占う。

・三脈護身《さんみゃくごしん》…首の左右と手首の脈をとり、三つの脈が乱れたら用心を促すという占いで、侍の心得としてもあった。三脈をとって乱れていたら「今日は用心して行動しよう」と自分を戒め、正常なら安心を得るというレベルで行なえば、害はなにもなく益の方が多い。

・眼脈…目頭を指でぐっと押さえると、普通は爪のような白い光が見える。それが見えないときは、なにかよくないことが起こる前兆だとする占い。三脈護身と同様に、「いつもと違う兆しがあったら用心しろ」という、危険回避のための心構えだと思う。そもそも、こういう占いをやること自体、一種の用心が働いているわけである。

・首飾り・勾玉《まがたま》…勾玉を月に仮託して四季や一年を象徴する首飾りを用いて、今日はどんな日なのか占う。神道から取り入れた占いで、神代からあったと言い伝えられている。

超自然的な術の活用――忍者の呪術

すでに述べたように、忍術と呪術《じゅじゅつ》は深い関係がある。敵を調伏する呪術のほかに、敵を仲たがいさせる呪術、自分たちと仲よくさせる呪術など、目的もさまざまだった。これも娯楽として、自分自身が安心を得るために行なえば害はない。

九字護身法も呪術の一種だが、三重大学の実験により、精神を安定させる効果があると科学的に証明された（P10＝序章）。護符（神仏の加護により種々の厄難から逃れられるとされる札）にも、精神的な安定を得る効果があるかもしれない。護符そのものに効果があるのではなく、それを信じることで自分の支えになり力になる、という意味での効果だ。

また、呪術には梵字《ぼんじ》（サンスクリット語を記すために用いる文字）のように普通の人にはなかなか読めない字が使われるので、神秘性による効果もある。「いろはにほへと」と書いた紙を外国人が見て、摩訶《まか》不思議な呪文のように感じるのと同じだ。もし、護符が平仮名で書かれていたら、なんのありがたみも感じないだろう。

人間には、自分に理解できないものを「ありがたい」と感じる心理があり、その心理を利用することが、呪術や忍者の術技にもなっているのである。そうした術だと知ったうえで呪術を活用すれば、生活のなかに一種の安心感を入れることができるように思う。

忍術の目的は共同体の安寧にあったと、私は解釈している。共同体を個々の人間に置き換えてみると、安寧を得るための手法は占い、呪術、宗教などいろいろある。人と争った末に安寧を得るよりも、なにかを信じて安定・安心を得るほうが、よほど簡単だし平和だ。そのことを知っていただきたくて、占いや呪術の活用を提案したしだいである。

時代を超えた忍術の有効性

現在の私は、忍術研究を中心とした生活を送っており、かつてのような過酷な肉体鍛錬はしていない。トレーニングは幼年時代にかえったような内容で、呼吸を中心とした修行をしている。平成二十一年（二〇〇九）に還暦を迎えたので、幼年期に戻るのも一理あり、と思っている。

どうしても忍術修行がしたいという熱意を持つ人にだけは、特別に弟子入りを認めて伝承の一部を教えているが、石田先生から学んだ昔ながらの忍術は、誰にも教え伝えていない。

甲賀伴党の後継者を育てる予定もない。忍術は生活のなかで身に付ける総合的な生存技術なので、幼少時から修行しないと身に付かないからだ。修行は非常に過酷で、現代の倫理観にそぐわないものもあり、全体を通しての忍びの術の伝承は、時代的にいって、もう無理だしそうする価値もないと思う。ただ、総合的な術技のなかで、この章に挙げたような現代に活かせるものは、弟子たちにも教えている。

忍術は策略や戦いのための古典的な技術や知識だが、高度に発達したことにより、時代を超えた普遍性を持つに至った。人間心理の真実を突いている面も見逃せない。現代における忍術の有用性を、ぜひ多くの方々に知っていただき、学んでいただきたいと思っている。

終章　忍者文化の将来展望

究極のクールジャパンコンテンツ「NINJA」

日本独自の精神性を伝える忍者文化は、今や、究極のクールジャパンコンテンツ「NINJA」として、日本はもとより世界中で親しまれる存在となっている。

平成二十七年（二〇一五）夏には、忍者を紹介するセミナーがパリで開かれ、三百席の会場が満席になった。平成二十八年には、東京・お台場《だいば》の日本科学未来館で、夏から秋にかけて約三ヵ月間、企画展「The NINJA ——忍者ってナンジャ!?」が開催され、国内外からの入場者数が十五万人を超えた。私が名誉館長を務める伊賀市の伊賀流忍者博物館では、近年、東南アジアなど海外からの来館者が急増し、パックツアーも盛況だ。

以前から私は、海外で忍者・忍術に関する講演をしている。講演後の質疑応答では、「伊賀《いが》惣国《そうこく》一揆《いっき》の史料はどこにありますか？」「印を結ぶときは左手が上なのか、右の手が上なのか？」など、マニアックな質問をされることも多い。実際にいろいろな陰具を作って実験している人がいる。一般の日本人よりも忍者について詳しく、忍術への関心も非常に高いのだ。

ヨーロッパでは、忍者や忍術が遠く離れた「東洋の神秘」として捉《とら》えられているように感じた。ロシアでは、たくさんの方から忍者の諜報《ちょうほう》活動についていろいろな質問をされるので、「ＫＧＢ（旧ソ連国家保安委員会）のイメージで忍者を捉えているのかな？」と、勝手に想像してしまった。クロアチアでは、特殊部隊出身という人から「今、忍術を教えているんだ」と話され、海外には、武術としての忍術道場がかなりあることを実感した。

外国にはさまざまなファン層が存在する。なかには誤った認識の人もいるが、本当の意味での忍者・忍術を理解する人は、徐々に増えてきている。

「NINJA」で広がる国際文化交流

海外講演では、忍者の根本精神である「正心」を中心に、忍耐、和、慈しみなどについて話をしている。通訳の方によると、「和」や「忍耐」を外国語に訳すのは難しいという。われわれ日本人は感覚的に理解できるが、外国の人にはニュアンスが伝わりにくいのだ。

そこで私は、必ず講演の最初に「忍之大事」（Ｐ27）の図を示し、「和」と「忍」の心について説明している。さらに、自分の花押のように使っている絵をお見せして、「忍」は心臓の上に刃が載っている形であると話す。

こうすると、忍者・忍術のイメージや精神世界の奥深さが絵画的に伝わり、「とてもわかりやすい」と言われる。「忍」という文字は外国人にたいへん好まれており、この字を書いたハチマキをした人もよく見かける。

また、欧米では意外にも忍者の呪術《じゅじゅつ》に対する関心が高い。教会へ行ってお祈りをすることが、日常的に行なわれているからかもしれない。講演会の質疑応答でも、武術に関するものはむしろ少なく、呪術や宗教など、忍者の精神世界に関わる質問が大半を占める。

だからこそ、誇るべき日本文化の一つとして、忍者・忍術の精神性、忍者の真実の姿を伝えていくことが大事なのだ。

すでに欧米では忍者・忍術が高い人気を得ているが、今後はアジア地域も含めて忍者文化をさらに広く普及し、さまざまな形で異文化交流が展開できれば、と思っている。そして、忍者のネットワーク構築術である「蜘蛛の伝」により、世界の人々と友好的な関係を築いていきたい。

われわれ日本人の根底にある「和」と「忍」の精神を広く知ってもらうためにも、忍者・忍術を通した国際交流は価値あるものである。

忍術学の確立をめざす

忍者文化を世界に発信するうえでは、忍者・忍術の学術的な研究を推進し、その実態を明らかにして、国内外での誤った忍者像を正していくことも重要だ。

序章でも述べたように、日本における忍者像は、時代ごとの背景や人々の考え方の変化により変遷してきた。少なくとも江戸時代には忍術が大成されていたのだから、さまざまに認識され変容してきた忍者像を切り捨ててしまうのではなく、どう変遷したのかを、多くの歴史学者の方々に、ぜひ追究していただきたい。

私自身がめざすのは、忍術学の確立だ。

忍術は元来、できるだけ戦争を避け、互いの損失を少なくするためにあった。つまり、「無理をしない生き方」の知恵の集まりだ。それらを体系的にまとめて忍術学とすれば、現代にも通じる学問になるはずである。

さまざまな秘伝書に書かれていることや、私が学んだ術技や知識などを整理したうえで、現代人にも役立つ形で示すことができれば、と考えている。

忍者文化による地域振興

かつて海外では、日本といえば「FUJIYAMA」「GEISHA」だった。しかし今は、

「NINJA」がいちばんに出てくるかもしれないほど認識されている。その発祥の地が、伊賀であり甲賀である。地元にとって忍者文化は、地域振興の資源となる大きな財産だ。

伊賀、甲賀だけでなく、忍者ゆかりの各地では、近年、連携の輪が広がっている。平成二十七年十月には、伊賀流の三重県伊賀市、甲賀流の滋賀県甲賀市、風摩小太郎《ふうまこたろう》を頭領とした風摩一党ゆかりの神奈川県小田原市《おだわら》など九自治体と関係団体が参加して、「日本忍者協議会」が設立された。私も浅学ではあるが顧問として参画させて頂くことになった。

同協議会は、二〇二〇年の東京オリンピック・パラリンピックへ向けて、「NINJA」を日本の文化資産、地域資源と位置づけ、観光等による地域経済の活性化、地域文化の振興、忍者ゆかりの自治体のネットワーク化などをめざしている。

その意味でも、現代に活用可能な忍術学の確立には意義がある。基本的な忍術のうち、反社会的ではない部分を学べる場を忍者ゆかりの地につくれば、地域振興策の一つとして役立つからだ。すでに伊賀市ではその構想を持っており、国内外からの滞在型観光の可能性も探っている。

地域が元気になれば、日本全体が元気になる。日本の「元気」を支える柱の一つとして、忍者（NINJA）文化が大いに活用されることを期待している。

これまで何度も述べてきたように、忍術というのは、戦わず、調和し、生きていくための技術の集積だ。忍術を体得するには、日々絶え間ない鍛錬が要る。それを可能にするのは忍耐だ。互いに「忍」の心があれば、「和」が集合していく。

これこそが、日本人に受け継がれてきた心である。その心がいつまでも大切に受け継がれ、世界の人々の間にも広まっていくことを、「最後の忍者」は願っている。

川上仁一（かわかみ・じんいち）
1949年福井県生まれ。甲賀忍之伝を継承する甲賀伴党21代宗師家。武術家、忍術研究家。伊賀流忍者博物館名誉館長を務め、2011年12月より三重大学社会連携研究センター特任教授に就任。監修書に『イラスト図解 忍者』（日東書院本社）などがある。

忍者《にんじゃ》の掟《おきて》

川上仁一《かわかみじんいち》

2016 年 12 月 10 日　初版発行
2024 年 10 月 20 日　再版発行

◆◇◇

発行者　山下直久
発　行　株式会社KADOKAWA
〒102-8177　東京都千代田区富士見 2-13-3
電話　0570-002-301（ナビダイヤル）

企画協力　メディアプレス・竹内恵子
装 丁 者　緒方修一（ラーフイン・ワークショップ）
ロゴデザイン　good design company
オビデザイン　Zapp!　白金正之
地図作成　村松明夫
印 刷 所　株式会社KADOKAWA
製 本 所　株式会社KADOKAWA

角川新書
　ISBN978-4-04-082106-1 C0221